◎ 国家乡村旅游人才培训基地配套教材

乡村旅游创新案例

XIANGCUN LÜYOU CHUANGXIN ANLI

——乡村旅游操盘手实录与经验分享

四川省旅游培训中心 编著

中国旅游出版社

《乡村旅游创新案例——乡村旅游操盘手实录与经验分享》编委会

总 策 划：任　啸

执行策划：汪晨雨

主　　编：刘　旺

编　　委：王　萍　蒋　敬　陈　奇　梁　川　周国华
　　　　　史御力　郭　忠　贾　卿　任　彬　徐纪元
　　　　　张　立　邓晶晶　张　沫　黄　敏　邹雪梅
　　　　　任　江　张亚丹　穆　越　韩　曦　郑欣粤

序言

在最美的乡村遇见你

回望乡村，最难忘那条乡间的小路，那片村头的油菜花，那归巢的燕子，那饱经风霜的老屋，还有那山，那水，那人……

村里，有把酒话桑麻的热闹，有悠然见南山的自在，有梅子金黄杏子肥的丰实，有天真烂漫的童年、不改的乡音，更有那浓浓的乡愁。乡村是传统农业生产方式最好的载体，是连接人与自然的纽带，是游子的情感眷恋与归依，是一个有温度的、诗意的、与世无争的向往空间，更是一个民族的文化记忆。可是，曾几何时，在现代化浪潮中，我们竟忘却了，甚至是逃离了乡村。现代性虽然衍生了工业文明，却也奏响了农业文明的挽歌。城市的繁荣与快速扩张背后，却是乡村的日趋凋敝。乡村人口大量外迁，只剩下荒芜的田地、破败的教室、留守的孩童与孤独的老人。昔日繁华的乡村逐渐走向没落，被人遗忘。

现代社会是一个理性至上、标准化、快节奏、高效率的社会。随着城市化进程的加快，压力、浮躁、焦虑、冷漠、拥挤、污染让很多城市人身心俱疲。一路回首才发现，原来心中最真实的渴望竟是那怎么抹也抹不掉的乡愁。于是，我们开始向往原始、宁静的乡村；殷羡日出而作、日落而息的浪漫；渴望阡陌交通、鸡犬相闻的那份闲适。随着后现代社会的到来，以及大众对"旅游麦当劳化"的反思，于是，这牧歌田园、归于原本的田园梦搭乘现代旅游的东风，终究还是惊艳了时光。

1986年，四川郫县农科村的一位普通农民，依托自家宅院、花木盆景和乡土特色菜，办起了"中国第一家农家乐"。此后，农家乐的星星之火便以燎原之势席卷整个中华大地，不仅衍生出了"藏家乐""渔家乐""彝家乐""羌家乐"等众多乡村旅游新形式，更促进了农业观光游、古镇古村落游、城郊休闲游等各色乡村旅游模式的发展，呈现出规模化与多样化并存的乡村旅游发展格局。至此，乡村，这个曾经代表落后的名词，因旅游得到了新的诠释。乡村旅游，似一座桥梁，连接了城乡。于城市，拓展了都市人的休闲空间；于乡村，激活了其内在的发展潜力，为农村产业结构调整、农业功能拓展和农民增收致富做出了重大贡献。

诚然，作为现代旅游业向传统农业延伸的新尝试，异军突起的乡村旅游已发展成为一股不可忽视的力量，为我国三农问题的解决开辟了一条新的途径，成为一、三产业融合发展的经典样板，更成为乡村振兴的希望。但是，我们也不能忽视乡村旅游发展中所面临的一系列问题。随着城乡居民消费结构的升级和日益多元化、个性化的消费需求，以及不断涌现的新技术与新业态，昔日散小弱差、遍地开花的传统乡村旅游在经历了飞速发展后，逐渐进入了低迷期，生存空间受到严重挤压。当前，乡村旅游已经进入创意化、精致化、多元化、综合体式发展的新阶段，传统的乡村旅游发展模式亟待转型升级。

在乡村旅游转型升级的进程中，操盘手在产品创新、模式创新、机制创新等方面发挥着至关重要的作用。本书选取了徐家大院、大梁酒庄、明月村、幸福公社、锦府驿、浮云牧场、宝山村、天府红谷八个不同类型的乡村旅游经典创新案例，真实剖析了各个案例操盘手从项目酝酿、开发、打造到最后落地运营的整个心路历程。通过各个操盘手的实战分享和对八个乡村旅游创新发展典型案例的研究，提炼和总结乡村旅游发展经验，以期能为乡村旅游开发与经营管理者提供借鉴，培养更多的乡村操盘手和一线能手，推进全国乡村旅游产业的转型与升级；更重要的是，希望能够激励更多的人回归乡村，重塑乡村活力，留住乡愁，实现乡村的振兴！

目录
CONTENTS

序言 / 001

第一章　乡村旅游发展历程 / 001

　　一、发展历程 / 002

　　二、发展成就 / 004

　　三、发展困境 / 005

第二章　乡村旅游创新案例研究 / 007

　　Case 1　徐家大院 / 008

　　Case 2　大梁酒庄 / 033

　　Case 3　明月村 / 062

　　Case 4　幸福公社 / 094

　　Case 5　宝山村 / 120

　　Case 6　天府红谷 / 147

　　Case 7　浮云牧场 / 174

　　Case 8　锦府驿 / 203

第三章　乡村旅游发展模式 / 239

一、农户自主开发模式 / 240

二、"新乡绅"引领模式 / 240

三、企业主体开发模式 / 241

四、政府 + 创客（新村民）+ 农户模式 / 242

五、村级集体经济组织 + 农户整体发展模式 / 242

第四章　乡村旅游发展展望 / 243

一、乡村振兴战略 / 244

二、乡村旅游与乡村振兴 / 244

三、未来展望 / 246

后记 / 247

第一章 乡村旅游发展历程

一、发展历程

（一）第一阶段：农家乐旅游

我国的乡村旅游起源于20世纪80年代的"农家乐旅游"。"农家乐"主要以农户为基本接待单位，借助临近城市或景区的区位优势，利用自家庭院、花圃、果园等自然条件和民俗风情吸引城市居民，开展集观赏、休闲娱乐、餐饮、购物于一体的旅游观光经营活动。

成都郫县农科村是中国"农家乐"的发源地。"中国农家乐第一家"——徐家大院自1986年开始，利用川派盆景、苗圃基地的环境优势，开创性地兴办起了"农家乐"，吸引城市居民到自家小院呼吸新鲜空气，观赏川西田园风光，品尝原汁原味的农家菜等。在徐家大院的带动下，当地其他村民也陆续加入到农家乐旅游的经营服务中。一时间，"吃农家饭、住农家院、做农家活、看农家景、享农家乐"成为风尚。1992年3月，四川省委原副书记冯元蔚在郫县视察工作时，看到游客在徐家大院惬意地游玩，即兴提笔书写了"农家乐"三个大字，"农家乐"由此得名。农科村通过"农家乐"解决三农问题的探索实践也得到了党和国家领导人的高度重视，全国各省市纷纷到农科村参观学习。"农家乐"这种利用农业资源开展旅游活动的新形式逐渐得到推广，并走向全国。"农家乐旅游"是中国乡村旅游发展的有益探索，为全国乡村旅游的发展闯出了一条路子，开创了中国乡村旅游的先河。

（二）第二阶段：乡村休闲旅游

2004年，"三农"问题被提到了国家发展战略的重要高度；2005年，国家提出了社会主义新农村战略；2006年，国家旅游局确定了"乡村旅游主题年"，这一系列举措充分表明，乡村旅游在解决三农问题、统筹城乡发展等方面的作用日益显著，乡村旅游的产业地位也愈发凸显。加上假日制度的调整和乡村旅游扶持政策的出台，我国旅游市场潜力不断得到释放，休闲旅游需求出现井喷式增长，乡村旅游也进入了"全面开花"的发展阶段，主要表现在：

"农家乐旅游"模式的延伸。自"农家乐旅游"模式开创以来，以"农家乐"为模板衍生的"渔家乐""牧家乐""羌家乐""藏家乐"在全国各地如雨后春笋迅速发展，呈现出百花齐放的局面。地域范围从都市近郊向远郊扩展，不仅扩大了"农家乐"的外延，也丰富和拓展了城市居民的休闲项目和空间。

观光农业园的发展。相较于农民个体经营的"农家乐"，观光农业园一般投资规模较大，以成片花海、果园、茶园为依托，园区除生产功能外，还为游客提供赏花、摘果、品茶、学习、体验等活动。特别是以"三高农业"(高产、高质、高经济效益)为依托的高科技现代农业观光园,将科技与农业资源相结合,精致高效,给游客以全新的观光感受,是乡村旅游发展的新形式。

古村古镇游的兴起。古村古镇游是以古村落、古镇和民族村寨等资源为载体,以当地的自然风光、人文古迹、民俗风情为依托而开展旅游活动。古村古镇游丰富了乡村旅游的类型,能够让游客了解当地的历史文化,体验多样的民俗风情,有利于增进民族交流,促进民族文化的传播。

(三)第三阶段:乡村度假旅游

随着我国经济社会发展水平的不断提高,居民消费实力的增强,旅游者更加成熟,消费需求也日益多元化。2008年,国家再次对黄金周制度进行修改,将三次长假调整为"两长五短",加上带薪休假制度法制化,居民度假需求逐渐得到释放。与此同时,随着现代化进程的加快,高压、快节奏、程式化的都市生活,激发了都市人对慢节奏生活的渴望,对乡村的旅游需求也从简单的观光游览转向更深层次的度假体验。传统的乡村观光旅游模式已经远远不能满足市场需求,开始向乡村度假旅游转型。与粗放型的乡村观光游相比,乡村度假旅游是对传统乡村旅游的功能升级与业态延伸,为乡村旅游转型提供了新的思路。乡村度假旅游节奏缓慢,服务细致周到,更加强调主题化、特色化与精品化。乡村旅游度假业态,一般布点于静谧优美的环境中,不仅远离现代都市的忙碌生活,更能让都市人放松解压,回归大自然,恢复身心平衡。

乡村度假旅游产品形式多样,如乡村度假中心、度假酒店、度假庄园、度假公寓、度假民宿、乡村高尔夫俱乐部等。乡村度假旅游产品最早出现于经济发达的江浙一带,以莫干山"洋家乐"为乡村度假的发展典范。自2006年起,"洋家乐"在莫干山悄然兴起,短短的几年时间,"洋家乐"不仅带动了当地旅游民宿的发展,甚至发展成为当地乡村旅游品牌。如今的莫干山,不仅成为优质民宿的集聚区,更是中国乡村旅游的新亮点。

(四)第四阶段:乡居生活

中国社会从本质上说是一个乡土社会。中国人,总是绕不开那浓浓的乡土情结。可是在现代化浪潮的冲击下,我们却眼睁睁看着乡村文明一点点流失。我们也常说要保护乡村、复兴乡村,可又有多少人愿意主动回到乡村?乡村需要的不是冷冰冰的钢筋水泥建筑,不是来去匆匆的过客,而是活力的再造、产业的复兴与价值的重塑,而乡村更需要的是在这片土地上生活着的、鲜活的人。

在现代社会泥淖里摸爬滚打的现代人，可能早已忘却了生活的初衷。为什么我们向往乡村？或许，我们向往的莫过于那质朴安宁的乡居生活，最让我们感动的无非是那简单自然的乡村生活美学。乡居，不仅是一个物理空间，也是一种生活方式，是一种态度，更是都市人向往的归隐空间。

我们认为，乡居之于乡村，或将是一场"革命"。乡居，打破了城乡割裂的局面，让都市人得以在乡村长期停留下来。城乡的资本、技术、人才的互动或能给当地带来新的机会与活力，重新衍生出新的文化形态和机制，使乡村成为城乡居民共享的生活空间。乡居，现在已经渐渐进入大众视野，营造、推广乡村生活方式已经成为一种热点，更会成为未来乡村旅游发展的趋势。

二、发展成就

三农问题，一直是系关国计民生的根本性问题。乡村旅游是解决三农问题、缩小城乡差距、实现城乡融合的重要路径，在带动农民增收致富、调整产业结构和拉动农村经济增长方面发挥了不可磨灭的作用。短短三十年间，我国的乡村旅游从无到有，取得了巨大的成就。

（一）发展速度——"中国速度"

据中国社科院舆情实验室发布的2016年《中国乡村旅游发展指数报告》显示，2016年是中国"大乡村旅游时代"的元年，从80年代中期到现在，中国乡村旅游已经从过去的小旅游、中旅游进入到大旅游时代，是旅游产业中增长最快的一个领域。[1] 社科院还通过大数据推演预测，未来中国乡村旅游还将保持较高增长速度，乡村旅游热还将持续10年以上，2025年达到近30亿人次。据国家发展改革委等14个部门联合印发的《促进乡村旅游发展提质升级行动方案（2017年）》显示，2017年全国乡村旅游实际完成投资约5500亿元，年接待人数超过25亿人次，乡村旅游消费规模增至1.4万亿元，带动约900万户农民受益。[2] 我国的乡村旅游从弱小到不断壮大，已经成为城乡居民的常态化的消费方式，对统筹城乡发展，提高城乡居民生活质量，推动社会经济全面协调持续发展具有重要意义。

---

[1] 中国社会科学网，http://res.cssn.cn/dybg/gqdy_gdxw/201611/t20161104_3263925.shtml
[2] 中华人民共和国国家发展和改革委员会. 关于印发《促进乡村旅游发展提质升级行动方案（2017年）》的通知［EB/OL］. http://shs.ndrc.gov.cn/gzdt/201707/t20170718_854769.html，2017年7月11日.

（二）发展类型——"百花齐放"

在我国，既能欣赏到小桥流水的优雅，也能看到大漠孤烟的狂野；既能走进巍峨雄壮的高山，也能领略浩瀚无边的大海；既能感受广袤无垠的草原，也可以探秘原始的丛林。辽阔的国土，悠久的历史，演绎着多样的民族风情。从北到南，从东到西，地理区位、资源特色迥异多姿，乡村旅游也呈现出多样化的模式和风格。既有早期的"农家乐""藏家乐""羌家乐""牧家乐""渔家乐"的全面开花，也有洋家乐、休闲农庄、度假酒店、民宿、乡居等的争奇斗艳，类型多样，不胜枚举。

（三）发展意义——"幸福产业"

作为一种新的产业形态和旅游形式，乡村旅游覆盖面与受益面广、综合带动性强，发展意义重大。乡村旅游不仅是国家扶贫战略的重要抓手、美丽乡村建设的助推器，也为城市居民提供了重要的休闲游憩空间，甚至是度假和归隐空间。更为重要的是，乡村旅游为乡村转型提供了新的契机，是实现以城带乡，城乡共融的重要手段，是一项利民惠民、提高城乡居民幸福指数、为城乡居民谋福祉的幸福产业。

三、发展困境

30载砥砺耕耘奋进，终收获累累硕果。一路走来，尽管乡村旅游已经成为我国旅游业和农业的新亮点，成为拉动各地经济增长的新引擎。但毕竟我国乡村旅游起步晚，起点低，底子薄，加上各地发展模式、发展速度和水平存在一定的差异，各个区域乡村旅游发展程度不一，质量参差不齐。飞速发展下的乡村旅游，也面临着一系列的"成长烦恼"。

（一）乡村旅游同质化

同质化，是目前乡村旅游发展的一大诟病，很多地方都成了同质化的重灾区。同质竞争，带来的是"天下古镇一个样"的低水平重复与恶性循环。目前，很多乡村旅游产品都是照搬照抄、简单复制，缺乏对乡土文化、人文情怀的挖掘和创意展示，欠缺新业态和新产品，没有个性和特色。

（二）乡村城市化、园林化

在乡村旅游发展过程中，很多地区一味地模仿城市，把城市的手法带到了乡村。各种主题公园、人造景观遍地开花，城市化下的乡村整齐划一、千村一面，毫无特色。乡村旅游不是城市旅游，乡村旅游最可怕的，就是城市化、园林化。当乡村原本的空间肌理、乡土文化景观都被破坏后，一个完全没有乡土味道的乡村，何以成为都市人向往的空间，又何以谈乡愁？

（三）乡村文化沙漠化

钱穆先生曾说过："中国文化是自始到今建筑在农业上面的"。作为传统的农业大国，几千年农业文明，生长出深厚的乡村文化。但自近代以来，长期的城乡分割体制、外来文化入侵、不合理的乡村建设、人才特别是地方精英的流失，导致了乡村的荒芜与衰落。城市化和工业化正将广大乡村的乡土根基慢慢吞噬，昔日繁盛的乡村文化也逐渐走向衰落。文化是旅游产品生命力的精髓，是创造产品差异性的核心元素。在乡村与农业基础上生长起来的乡村旅游，应当深挖传统的乡土文化，提高乡村旅游产品的文化内涵，更应当承担起乡村文化复兴的使命。

（四）乡村人才匮乏

旅游业要持续、稳定、健康发展，离不开人才的支撑。其一，当前乡村旅游的一大矛盾，就是乡村旅游提档升级与农民素质提升的矛盾。部分农民长期散漫、不受约束，旅游服务意识弱，文化素质低，管理水平、经营水平参差不齐。农民从农业生产转向第三产业，实质是从传统的为土地服务，转向为人服务，需要加以培训和引导。其二，大部分农民小富即安的传统农业时代的心理习惯客观上束缚了创新、进取的欲望，缺乏与时俱进、吸纳外部新理念的动力，客观上制约了乡村旅游的创新发展。其三，乡村人才流失问题。长期以来，乡村人口向城市单向流动，导致乡村大量青壮年、知识分子、乡村干部等人才的流失，年轻人不愿回乡工作创业，留守乡村甚至一度还被认为是无志向、无前途的选择。其四，乡村缺乏真正懂乡村、懂乡村文化的经营管理者。很多深谙乡村文化的人却不懂得经营管理，而很多懂得经营的外来经营者却又缺乏对乡村文化的深刻认识与解读。

此外，乡村旅游还面临发展资金不足，地域优势不明显、产业融合不深入、乡村服务不温馨等一系列困境。如何破解乡村旅游发展中所面临的困境？我们认为只有不断地创新。习总书记说过："创新是引领发展的第一动力。抓创新就是抓发展，谋创新就是谋未来。"乡村旅游的创新，离不开对传统乡村资源要素重新定位和组合，离不开文化创意和设计，更离不开城乡之间资本、人力、知识、技术、消费等要素的互动与融合。当前，乡村旅游已经到了创新升级、转型发展关口，号角已经吹响，乡村旅游必将迎来新一轮的发展春天。

第二章 乡村旅游创新案例研究

Case 1
徐家大院
到发源地，寻农家乐之魂

徐家大院

从名不见经传的川西农家小院到红遍大江南北的徐家大院

演变路径

徐家大院全景图

发展历程

- 20 世纪 70 年代：从事花木种植和经营，生意远销重庆等地；
- 1986 年：勇吃"螃蟹"，创办中国第一家农家乐，叫响全国；
- 1996 年：扩大规模，新建第二代农家乐，衍变出多种模式，再掀高潮；
- 2002 年：变革创新，600 万打造第三代农家乐，走出困境，迎复苏；
- 2012 年：居安思危，2000 万修建乡村酒店，填补市场空白，成就霸主地位；
- 2016 年：走向国际，将休闲农业、盆景艺术输出到加拿大。

探索与实践

- 20 世纪 70~90 年代：无先例、无经验，自学成才，在实践中摸索创新；
- 21 世纪初：省内外考察，总结反思，汲取教训；
- 近年来：多次出国考察交流，视野国际化、思维多元化。

荣誉奖项

"中国农家乐旅游第一家"，
中国乡村旅游业源起的标志。

自我评价

开拓创新、奋斗进取、诚信经营、永不言败

重大意义

徐家大院在川西乃至全国农村发展的当代史中，有着不可低估的历史地位与社会作用。这里首创的农家乐旅游模式，是对农村资源利用方式的重大创新，谱写了中国农村一、三产业互动发展的完美篇章；是农民有尊严地脱贫致富的有效途径，实现了"一张桌子带出来的千万生意"；是对中国农村传统的以家庭为单位的生产方式的继承和创新；是中国乡村旅游发展史上的重大创举。

操盘人

徐纪元
中国农家乐旅游创始人
成都徐家大院乡村酒店有限公司董事长
中国酒店协会农家乐旅游专委会副理事长

不怕苦、不怕累，因为年轻时吃过太多的苦，受过太多的累。
性格倔强、敢想敢干、不怕挫折、认准了的事就勇往直前，永不服输。
抓改革开放之天时，扬花木基地之地利，谋农民切身利益之人和，
携全家、领全村，在市场探索中发现商机，在市场萧条中乘风破浪，成为"中国农家乐第一人""全国农业十佳致富带头人"。

就是这样一位普通的农民，不甘贫穷，想方设法改善家人生活。
正是这样一位非凡的农民，根据自身特长和市场需要谋划发展大计，
像个勇士，在乡村旅游的疆场上驰骋。

创业感言

发现市场、研究市场、永远走自己的路

创意金点

敢为天下先　开拓进取　勇于创新

案例概览

Part 1 | **敢为天下先**

    花木生意催生接待需求

    做第一个吃"螃蟹"的人，农家乐诞生

    吹响农村发展的号角

Part 2 | **停不下脚步，走自己的路**

    第二代农家乐掀起旅游接待高潮

    第三代农家乐带领农科村涅槃重生

    百花齐放春满园，农家乐模式创新

    第四代农家乐，居安思危

Part 3 | **农家乐旅游的未来**

    生存空间压缩，投资需谨慎

    要做必须做出特色

    模式输出，迈向国际

乡 村 旅 游 创 新 案 例
——乡村旅游操盘手实录与经验分享

PART 1 敢为天下先

> 五六十年代过来的人，尝过真正的苦、挨过真正的饿，源自改变生活困境的动力，激活了徐纪元的商业头脑。
> 率先进行大田花木种植，随后转向花木经营，一位普通农民的商业传奇就此拉开序幕。

花木生意催生接待需求

从事花木经营后，我经常外出跑市场销售，来来往往，到我的苗圃来看品种、谈生意的人就多了。与客户对比之下，我的苗圃弄得整整齐齐，非常漂亮；但是家里土糟糟的，卫生条件很差。1985年，第一次到我家的重庆大客户露出了非常诧异的表情——徐老板在外面像模像样的，怎么家里会是这般模样！我满脸羞愧，不敢留贵客在家里多待一分钟。

这件事情对我的触动很大，频繁的业务来往，家里迫切需要有个舒适的接待环境，才能让客户瞧得起，才能在社会上立足，把事业做大。

改善居住环境势在必行！我暂缓投资花木，一心扑在修建上。1986年9月，一座宽敞、明亮的三合院式川西民居拔地而起。院子里摆放些自己制作的盆景桩头，格外引人注目，很漂亮。

盆景桩头，格外引人注目

乡居条件，是生意人的"面子"
人居环境是农家乐的"本底"

> 没有人生来就会做买卖，
> 顾客，是最好的老师。

做第一个吃"螃蟹"的人，农家乐诞生

悄悄把钱压在杯底

三合院雅致的环境吸引了来往办公的村干部，因为"这乡坝里的院子，修起花台摆上盆景，比城里的环境还优雅"。来的次数多了，大家也就熟了。到了饭点，他们就试探性问我可不可以在我这蹭口饭吃。吃了几次后，他们不好意思了，要给我饭钱，我哪好意思收，自家种的菜，多摘点就是了！吃完我和家人就去农田干活，留她们在家自便，结果他们走的时候就把钱压在杯子下面。一开始给点成本；后来看我们很辛苦，给点劳务费、工资；再后来说我是做花木生意的，还是要给点利润，逐步就形成了吃饭收钱的习惯。

之后，来我这看稀奇、赏花木的人越来越多。凡是有客人来，我就用自家的蔬菜、豆花、腊肉和鸡，做一顿美味可口的农家饭招待。他们评价：安静卫生，特别是环境非常好，哪怕吃泡菜下饭都舒服。我象征性地收点成本和辛苦费，花木生意才是我的本分，没想过靠餐饮接待挣钱。

做一顿美味可口的农家饭

> 不刻意为之而为，开创人生新价值

劳动服务挣钱天经地义

吃饭收钱，在邻居的眼中变成了"下贱活"。面对风言风语，我无力反驳。这时，原友爱乡政府领导对我说：改革开放了，劳动服务挣钱天经地义，你付出的辛劳也是成本，为什么不可以收钱呢？

他的话深深地触动了我，大街小巷里，从事餐饮服务行业的人不计其数。他们经营还要付房租，花钱打造环境，而我有现成的条件，为什么不干？再想想到我这吃饭的客人，客气又礼貌，他们是真心喜欢这里的环境和原汁原味的农家饭菜。想到这些，我坚定了继续经营的决心。

标准化收费，餐饮接待商品化

我最初基本只接待熟人介绍来的客人。1993年，一位旅游公司的老总观察了我家的厨房、菜式和环境，认为我的环境在成都周边都少有，像一个偏僻的世外桃源。他建议我把餐饮接待推向市场，制定统一价格，只要付钱，谁都可以来喝茶吃饭。若今后接待的人多了，说不定还有人买盆栽花卉，一举两得。

我觉得他的建议还是中肯，经协商，他收客人30元餐费，付给我20元，若用晚餐再加收10元钱，并承诺为我提供客源。我们合作很愉快，渐渐地，我的徐家大院就走上现代农家乐模式经营的道路。

农家乐，在这里诞生，在这里发芽

没有经验，没有范例
一切从零开始，在摸索中创新

第二章 乡村旅游创新案例研究

吹响农村发展的号角

　　一位新闻记者带着满腔的兴奋来到农科村，经过一番深入的体验后推出了一组连续报道。农科村这个名不见经传的小地方，首次向全社会公开亮相，以崭新而独特的姿态，引起了全社会的广泛关注。

1987年5月21日，《成都晚报》以"鲜花盛开的农科村，没有围墙的农民公园"为标题，报道了农科村农家乐欣欣向荣的发展态势。

　　1994年3月，四川省委原副书记到郫县视察工作，专程到徐家大院调研，亲眼看见城里人在乡下玩得那么开心，即兴提笔书写了"农家乐"三个大字，"农家乐"由此正式得名。

　　这一刻，"农家乐"之名叫响全国。

花木价值的开发如此，人生价值的开发又何尝不是如此呢！

PART 2　停不下脚步，走自己的路

不进则退，不变则衰。
创业容易守业难，
在农家乐旅游发展的道路上，徐纪元一刻也没有停歇，
四代农家乐，每一次转型升级都有讲不完的创业故事。

第二代农家乐掀起旅游接待高潮

农家乐发展之初，经营内容非常简单，是很淳朴的一种服务。规模化经营后，用房需求量急剧增大，三合院已明显不能适应发展需要了。与家人商量后，我决定修楼房。我一直就喜欢创新，走自己的路。我的楼房，在建筑风格上要体现一种典雅的韵味；样式方面要新颖美观；装饰细节方面，一定要巧妙地安装上古式雕花门窗。

1996年7月，蓝色别墅式仿古楼房完工，古式门窗成了最大亮点，直到现在，都不失典雅风韵。

在那个中国大多数农民还处于温饱型生活的年代，这栋气派的中西合璧的小洋楼作为农家私人宅院成了大众瞩目的焦点，也为徐家大院第二代农家乐的崛起，奠定了一个较好的基础。

第二代农家乐基地

精心营造的家客观上成为了农家乐旅游的特色本底
别样的家，别样的收获

机遇总是垂青于有准备的人

机缘巧合，小楼修好后有幸接待了部分前来考察的省和国家领导人，考察后，他们纷纷称赞农家乐旅游为农民开辟了又一条致富之路，并对徐纪元给予了勉励和嘱咐，更加激发了他的斗志。

此次视察，引起全社会的极大关注。**作为中国农家乐发源地的农科村，从过去的名不见经传，在全国范围内名声大起。**

由花木经营和农家旅游两大产业所支撑起来的经济，迎来了前所未有的发展高峰。

创办农家乐　　　　　　　　　　　　　　盆景兴家业

星星之火，开始燎原

自国家领导人视察徐家大院后，各大媒体都在宣传，农家乐生意火爆极了。在徐家大院的示范效应下，就连当初反对搞接待的人也开始经营了。

整个农科村，一园一景，相映成趣

整个农科村，呈现出一种百花争艳、百味争香的局面。除了本地居民，外来人士也纷纷前来投资创业。

农家乐一时风起云涌，数不胜数。2000年，这个只有300多亩田的农科村，常年经营户近140家，每天有上万游客前来游览休闲。

之后，不仅农科村的农家乐旅游很快形成产业规模，在县内各镇，农家乐旅游景点也如雨后春笋般涌现，当时全县农家乐经营户达500余家。农家乐的发展势头可谓"如火如荼、方兴未艾"。

小村庄，看中国农村大格局

充满竞争的市场经济，优胜劣汰的法则发挥得淋漓尽致。

与新兴的农家乐相竞争，徐纪元，如何发力？

第三代农家乐带领农科村涅槃重生

农家乐旅游遭遇挑战

从2000年起，成都周边新型农家乐对农科村造成了非常大的冲击。因为他们来农科村学习后，发扬了我们的长处，回避了我们的短处：重资打造、统筹规划、设施完善。到2002年，农科村几乎没有客源了。

徐家大院全年接待客人不到5000人，这与前几年门庭若市的盛况形成了巨大反差，我心里十分着急。

考察三圣乡，研究市场

我提议去考察三圣乡。考察完，士气一片低落。大家纷纷议论：农科村的财运气数已尽啦！我们的条件永远没法跟三圣花乡比，别人是政府投资，统一打造。今后有客人就接，没有就管理花木。

但我的想法不一样，客人为什么不来？因为农科村当下的条件真没法和其他地方比。没有规划，无序发展，设施设备落后，客人怎么会喜欢？想要发展，必须提升农家乐接待品质，改善环境和条件。拼搏的激情重新被点燃，我徐纪元的字典里永远不会有服输二字。全家决定以困境为契机，来个二次创业。得知我们家在这么不景气的情况下还要投资建房，村民惊叹：**徐家大院疯了！**

思路决定出路，几番深思，徐纪元找到了出路

保留三合院，争取用地，打造园林式农家乐

我召开家庭会议，提议提档升级。在用地方面，家人建议拆掉三合院，修楼房。我心里莫名地有点伤感。三合院带动了整个农科村的农家乐发展，我对它有感情。最后达成共识：不拆三合院，争取政府支持，在承包地里再修建一栋大楼，全家共投资600万元，整体规划布局，与第二代小洋楼形成一个整体景观，打造出一个规模宏大的园林式农家乐。

这次的家庭动员会很成功。更重要的是开创了我们全家群策群力、齐心协作的先河。在经营体制方面，实行当时正在推行的企业股份制，科学管理。

第一代农家乐

正是这种"拆不得"的情感，留住了徐家娘苦创业的精神记忆

2002年，两栋中式别墅式楼群建成，并配备园林景观、餐厅、住宿楼、多功能厅等设施。不负众望，修得很漂亮。

第三代农家乐——中式别墅楼群

政府支持，助推农家乐提档升级最后一公里

除了硬件建设，我们也开始打造文化。2003年，在县旅游局组织和指导下，我们在第一代农家原址上首次开辟了农家乐史料馆，精心营造民俗文化氛围。

首次开辟了农家乐史料馆

道路不通，修再好的楼房也是摆设。地方政府为了推动农家乐的发展，加大基础设施的投入力度，做好关键节点的景观打造，提升了整个农科村的档次。

农科村风貌改造

通过环境改善和多方宣传，以徐家大院为代表的农科村农家乐生意开始慢慢回升。在这次变革中，优胜劣汰的自然法则使得规模小且舍不得投资的农家乐退出了经营的舞台。

农科村终于迎来了第二次复活！

百花齐放春满园，农家乐模式创新

新闻媒体、参观团队、各级党委、政府都认同农家乐这一新型的旅游形式，既易于为农民接受，又较为简便易行，还能调整农村产业结构，就地解决剩余劳动力转移问题。因此，他们都大力宣传、推行。农家乐旅游很快发展到全国各地，塞北江南、山村水乡，千千万万个农家乐相继诞生，成为中国农村的一道特色风景线。一大批"渔家乐""牧家乐""藏家乐""羌家乐""彝家乐"也应运而生。

羌家乐

农家乐丰富和拓展了城市居民的休闲空间，是中国乡村旅游发展史上的重大创举

牧家乐

郫县农家乐为源头和模板

渔家乐

衍生出了数以万计的产品

极大地丰富了乡村休闲旅游产品体系，有的已经成为国内外旅游者青睐的乡村休闲度假旅游目的地。

藏家乐

第二章 乡村旅游创新案例研究

农家乐模式不仅在国内大受欢迎，也吸引了国际友人前来参观考察。

1992年，美德泰日等八国外宾到徐家大院参观考察

2007年，南非友人到徐家大院参观考察

023

第四代农家乐，居安思危

错位竞争，走自己的路

2010年以后，火爆一时的第三代农家乐也慢慢透露出它的局限性——缺乏新的功能配套。农科村明显地呈现出与全国乡村旅游先进地区的差距。

当时实力雄厚的刘氏庄园（原名静香园）老板有同样的感觉。他认为普通农家乐的接待环境、建筑格调、文化氛围、服务设施、菜品研发等，都不能适应当今市民日益提高的生活需求了，必须要加强农家乐的市场竞争力。于是投资上千万元，转型经营高档餐饮。他的做法得到许多人赞同，事实也证明收益确实非常好。

许多人建议我按刘氏庄园的路子做，修更多的房子，档次也要超过他。而我却始终有一种信念，一定要走自己的路。

我为什么不学刘老板？因为我们处在同一个地区，大多数人做普通餐饮，他做高端的，这本身就是错位竞争。如果我也去做高端餐饮，那就只有打价格战，恶性竞争，因为农科村客源就这么多。

你必须知道市场需求是什么，不能盲目投资。后来，高端餐饮发展受阻，刘氏庄园还不起贷款，最终被我收购了。

成功的商人，不是模仿别人的路，而是创造别人模仿的路

在寻找徐家大院自己的发展路子上，徐纪元进一步挖掘市场需求，决定用会议、培训接待服务驱动农家乐旅游的综合发展。

台湾考察，表决心

2011年年底，农科村准备申报国家4A级景区。经营户怎么出力？为了打开大家的思路，转变经营理念，县旅游局组织去台湾进行考察。台湾的乡村旅游很不错，民俗文化色彩浓郁；景点装饰巧妙、别致；环境注重人性化；接待服务非常亲切热情，这些都是值得我们学习的。带队的罗县长希望我能再次带头进行创新发展，我表态，三个月后见行动。

小小的徐家大院，承载着大大的梦想

寻找旅游配套功能的突破口

面对农家乐已经过剩的竞争局面，我决定从功能上寻找突破口——用会议、培训带动餐饮、住宿。我的启发来自一个朋友，"我们公司的培训每次几百人，不好找这么大的地方开培训会。徐总，你修个大一点的会议室，再修点客房，我们来照顾你的生意。"他讲得很中肯，农科村这么大，还真没有一个地方能容纳上百人开会。

我考察了成都周边的竞争对手，仅有一家做大型会议接待，且距离农科村较远，业务上基本互不影响，这进一步坚定了我的决心。2012年，全家投资2000万元，修建乡村酒店，客房150间左右，大、中、小型会议厅（室）可容纳400~500人。

乡村旅游创新案例
—— 乡村旅游操盘手实录与经验分享

第四代农家乐——综合型乡村酒店

徐家大院乡村酒店外景

通过会议、培训接待带动餐饮、住宿业

收获成功的喜悦

现在所有人都觉得我当时的决断太英明了。2012年央视致富经采访我,节目是"一张桌子带来的千万生意"。他们问我为什么刘氏庄园做高端餐饮那么赚钱,我却做住宿。我说投资不能盲目跟风,必须差异竞争。退一万步讲,我的会议接待带动餐饮,如果住宿失算了,酒店可以马上转为高端酒店式养老院,这也是当前一项朝阳产业。

徐家大院发展到现在,已经不单纯是追求经济利益,是在为社会服务了。大院养活了80个员工,也就是80个家庭。

从第一代到第四代农家乐的升级换代,徐家大院成了名副其实的大院。农家乐也从单一的观光游览走向了观光、休闲、度假、会议、疗养于一体的新模式。

许多人都说老徐这辈子运气太好了!但他的成功不是偶然的,是经过深思熟虑,关键时候发现市场、研究市场,顺势而为。不同的时段,都体现了他的摸索、思考、创新,体现了一位普通农民非凡的智慧和胆识。

徐纪元用一副对联总结了几十年的创业生涯:

沐阳光植景卉拓展园林天地
乘春风创先河造就休闲伟业

短短二十四个字,不仅概括了徐纪元奋斗的一生,也概括了徐家大院的创新业绩和崭新面貌。

所谓天意,是偶然中的必然
天下所谓的运气好,全都是功夫做到家,而后水到渠成的事情

PART 3　农家乐旅游的未来

农家乐发展到今天，已不再像当初那样受人追捧，但它的历史意义和社会地位不可撼动。

徐纪元，将继续领航，让农家乐以另一种方式继续绽放光彩。

生存空间压缩，投资需谨慎

如今，农家乐旅游的投资主体多元化，私人老板、大型公司集团、文化人、创客们等纷纷进入本行业，传统农家乐的生存空间受到很大的挤压，产业已经过剩，所以农家乐的进入和投资都需谨慎。

一方面，经济实力雄厚的企业、社会资本进入后，小而散的农民个体资本无法与之竞争；另一方面，有知识、有文化的投资者经营的农家乐有文化有品位，普通农民的文化素质也无法与之竞争。此外，各种新兴的乡村旅游产品也对传统农家乐产生了冲击。

要做必须做出特色

也不是说农家乐这条路就走不通，不可以再发展了。对市场了解的人，有能力的人完全可以投资，但要做出与众不同的模式，比如邛崃的大梁酒庄，做了几年形成了一种酒文化，很有特色，类似于这种就还有很大的发展空间。如果只是跟着别人做，那就没有什么出路。

农耕文化、园林文化，深入挖掘，还是很有潜力的。我现在做的事情就是继续挖掘中国农家乐文化。

在实践出悟真理，难能可贵

模式输出，迈向国际

直到今天，徐家大院奋进的脚步仍未停止，已经开始思考并着手农家乐的国际化发展之路，将川派盆景艺术、中国休闲农业向海外输出。

我有个朋友在加拿大生活了 10 余年，很有经济头脑，经常给我们讲那里的商机。2014 年，我和家人去加拿大考察，发现那里的土地比较便宜，就开始琢磨在加拿大买个农庄做花木和休闲农业方面的经营。

加拿大有个华侨商会，我们可以借用彼此的平台来做生意。因为我们是农家乐的发源地，知名度很高，在乡村旅游方面也做得很好，他们需要借我们之力打开中国市场；我们也打算借他们的平台输出花木品种、园艺技术等。

此外，在旅游业方面，我们设想可以客源互通，形成一个循环经济，外国人可以体验中国农家乐，中国人也可以去体验国外休闲农业。

徐纪元（左二）与大儿子夫妇（左三、右三）在国外考察

我们期待着，徐家大院叫响国际的那一刻！

经验总结

1 路子+胆子+脑子=创业成功一半

徐家大院的发展历程展现了一位普通农民——徐纪元艰苦奋斗的创业、守业、传业的历程。在如今"大众创业、万众创新"的时代下，具有重要现实指导意义。

创业路子是助推解决当下社会问题的引擎。农家乐旅游模式生于土地，长于农村，在全国"百花齐放"，是解决中国"三农"问题的有效举措。创业胆子是准确把握市场商机的自信。从种植、经营花木到创办中国第一家农家乐，这期间有家人的反对，有邻居的闲言杂语，有创业失败的巨大压力。徐纪元之所以有胆量迈出第一步，是摸清了市场，认准了商机。创业脑子是不断创新，居安思危。创业不是盲目跟从，而是突显特色。中国人的从众思想是比较普遍的，模仿能力是极强的，作为行业的引领者应当随时有紧迫感、危机感，不断创新。

2 市场需求研究，永远在路上

徐家大院发展的30年里有起有落，之所以能在激烈的市场竞争中涅槃重生；敢在邻居们淡出市场之际大手笔投入资金；能在传统农家乐生存空间受挤压之下稳坐泰山之位，是因为徐纪元从未停止对旅游市场需求的研究。人们对美丽乡村环境的渴望、原汁原味的农家饭菜的喜爱、对美好生活品质的向往、对旅游配套功能完善的要求，是推动农家乐进步的不竭动力。农家乐旅游的提档升级必须围绕旅游需求螺旋式上升。

3 重视品牌价值

树立品牌难，经营品牌更难！正因为有了"中国农家乐第一家"的品牌，徐家大院在农科村农家乐旅游面临衰落时显现出一定的稳固性。加之徐家大院勇于改革，始终肩负起农家乐标杆的重任，使这一品牌的价值得以维系。如今，通过国际合作，这一品牌已开始向国外输出，也将发挥它更大的价值。

4 "农家乐"是农民就地有尊严地脱贫致富的重要途径

经营农家乐旅游，农民不论是作为农家乐的老板，还是作为服务人员，离土不离乡，都能就地解决就业问题，在自己的家园获得持续的经济收入，甚至脱贫致富。

农民成为体面的职业，这让农民对自己的身份有了新的认识和定位，对乡村也重新唤起认同和文化自觉。农家乐这种经营方式让农民体验到主人翁的感觉，能最大程度地激发他们自身内在的发展动力，让农民就地有尊严地脱贫致富。

Q&A 交流问答

Q1 徐家大院每次升级换代的动力是什么？

农家乐升级换代的动力是多方面的。修第一代农家乐主要是为了接待花木业务客户，家里要有个像样的居住环境。修第二代农家乐是因为来参观、吃饭的游客多了，用房需求量急剧增大。修第三代农家乐为了走出困境。因为与新兴农家乐相比，我们的条件落后了，所以必须新建有档次、设施设备先进的居住条件。扩建第四代农家乐的原因是居安思危，主动升级换代。

Q2 徐家大院现在面临的最大问题是什么？

农村客源和城市客源对农家乐的需求是相互矛盾的。农家乐以前的客源主要是城市人口，现在有很大一部分客源是本地农民。但这两类客源的需求不一样，城市人口喜欢最原始的、最天然的食物和环境；但是农村人就喜欢城市里的海鲜，洋气的大餐厅的格调。

我针对不同客源群体做不同的菜品以满足他们的需求，但环境打造方面就不好协调了。如果笼统地把农家乐整成乡土味儿那就不行。

农家乐经营盲目跟风。现在农家乐市场供大于求，生意不好做。而农民往往是盲目跟风，看到哪家赚了钱也跟着干，也不管自己是否有实力和特色，把自家房子稍微整理下就开农家乐，但很多都经营不下去。

Q3 名人效应对徐家大院的影响大不大？有没有想过包装自己，通过名人效应带动经营？

名人效应对新客户有影响，他们出于好奇可能会来感受下徐家大院是怎样的，但后期还是要靠优质服务、硬件设施等条件来维系客户。比如我们的会议、培训接待基本都是老客户，他们觉得我的环境很漂亮，服务也好。

自我包装方面，我没有想过，也没有刻意去做，都是媒体在采访我，宣传徐家大院和农科村。尤其是2012年，有关徐家大院的专题报道，次数多而且级别高。我也在想，我一个普通的农民，积了什么德，能得到国家领导和各大媒体的关心。我认为只要自己踏踏实实做好了，媒体自然就会来，而且效果比我自己花钱包装还好。

Q4 这30年最宝贵的经验是什么？

发现市场、研究市场，做出特色，走自己的路。

我也总结了农家乐旅游必须具备的条件：选取具有地理特色或地方特色的场所，也就是环境或文化；接待规模必须根据所选地的客源情况来决定；经营者自身要有创新意识，做出特色。

Q7 您的家族企业是怎样的一种管理体制呢，如何才能做大做强？

我们徐家总体实行"内分外不分"的战略。在不同的发展阶段，采取了不同的管理手段，表现为"一、分、股、职"四种方式。第一代农家乐的经营管理主要是我一个人说了算。发展到第二代时，生意太好了，接待场地分散，采取了分散经营的方式，发挥了各小家庭的积极性，但不等于分家。第三代农家乐投资600万元，规模较大，整合全家力量，实行了企业股份制管理。第四代乡村酒店的经营吸取了管理制度混乱的教训，又聘请了职业经理人，步入了现代化企业科学管理轨道。

家族企业是很不好管的，让家人管理，要打破情面，恐伤亲情；对亲情迁就，企业管理又会陷入混乱。徐家大院目前的管理方式比较合适，未来的路怎么走，我们也在不断探索中。

Case 2

大梁酒庄
酒香里的中国，记忆中的老家

乡村旅游创新案例
——乡村旅游操盘手实录与经验分享

操盘人

梁川

成都大梁文旅集团董事长
大梁国际（香港）有限公司董事长

近乎疯狂的执着与付出，
造就了这位乡村创业传奇人物

创业感言

辞官创业、不忘初心
酸甜苦辣、坚守痴心

创意金点

文化引领，主题开发
无中生有，六产融合

当垆处

酒窖前

陈酿一世的经典

高粱地

风过处

红色苍茫远

乐翻天

撒欢田园

找回记忆中的童年

花间谷

沉淀日月的眷念

只愿与君长伴，共话婵娟

斗酒楼台，踏歌田园

这里，醉了大梁，醉了天地，醉了人间

这里，是四川邛崃，中国酒村，大梁酒庄！

案例概览

Part 1 ｜ 偏执的镇长

Part 2 ｜ 小题大作

Part 3 ｜ 醉在高粱地

Part 4 ｜ 田园乐翻天

Part 5 ｜ 再次扬帆，继续远航

乡村旅游创新案例
——乡村旅游操盘手实录与经验分享

PART 1. 偏执的镇长

四年，说长不长，说短不短。
有时候，它可以短到仿佛仅仅只是一瞬，
有时候却又长到可以改变一个人的一生。
于梁川而言，短短四年，就完成了从基层乡镇公务员到国内休闲农业与乡村旅游创新发展的典型带头人和策划达人的华丽转身。

实际上我在地方工作只有10年，原来一直在部队当兵，做宣传工作，后来转业到川大新闻系，之后到了组织部，2003年就被调到了平乐镇当镇长。

那时平乐旅游开发才开始，当时平乐镇也很穷，好一点儿的、费用高一点儿的规划团队我们都请不起，只能靠自己摸索与思考如何开发和提升平乐镇的知名度。在这个过程中，慢慢对文化旅游开始感兴趣，加上我本身也是学的新闻，文化有很多相通的地方，自己也就慢慢摸出了门道。

当时我在负责花楸村的时候，在没有一分钱的情况下，把花楸村建设得非常好，搞得非常火，工作得到了肯定。所以后来我就被调到邛崃市国有旅投公司任董事长，负责整个政府的文旅投资与开发。我负责过很多项目，包括大北街、临邛古镇、天台山等，所以我逐渐对这些很熟悉了。特别是后来黄龙溪水街戏水项目的打造，更是引爆黄龙溪，自己也就小有名气了。

偏执的镇长，注定是一个传奇！

第二章 乡村旅游创新案例研究

> 从黄龙溪回来，领导找我谈话，要提拔我，但是我想做自己喜欢的事情。我在做旅投董事长的时候，很多想法不是自己说了算，程序多、束缚大，很多项目到后来都是面目全非，成了"怪胎"。我的很多想法和创意都得不到实现，很痛苦，所以2010年我就正式辞职了。

> 我虽然现在在做旅游，但其实我并不是科班出身，其实无论是旅游策划、设计，还是古建施工等，我都不是专业的，全是通过这些年学习和总结出来的。其实我们有很多宝贵财富都在民间，木匠们不需要图纸，很多人也看不懂图纸，但只要告诉他们你的想法和要求，他们按照鲁班的营造法式，往往会给你意想不到的惊喜。我经常和他们交流，把这些民间智者聚集在手中，加上自己再看一些书，慢慢地，自己也就对古建方面有了很多了解。

成功，有时候需要的不仅仅是机会和努力，
更需要敢于放弃的勇气和决心！

037

PART 2 小题大作

  大梁酒庄以酒为核心主题，小题大作，无限放大，把酒文化赋予到每一个产品与活动的设计当中，将酒文化活化于酒庄的每一处细节。在大梁酒庄，饮的不是酒，而是一段与美酒结缘的故事！

  大梁酒庄坚持不挖山、不填塘、不毁林、不改变道路渠系肌理的"四不"原则，以"盘活土地资源、激活生产要素、发展多元产业"为抓手，实施"产村一体"的新模式，打破固有的"就居住建新村""就旅游搞开发""就农业种庄稼"的传统思维，通过林盘整治、老旧民居改造、复原酿酒烧坊等措施，完好地保留了"百年村落"的形态。

  从2012年开始，我就开始为自己的老家策划。我从小在农村长大，老家就在这里。每个人对自己的家乡始终都有一种眷恋之情。不管在外面过得怎么样，最终都要落叶归根。每个人对自己小时候的记忆也是很留恋的。所以，我一定要回老家，把我小时候的村子形态保留下来。

现在新农村建设的出发点是好的，让农民集中居住，解决用水用电问题，让他们享受城市生活，但是反过来，我们的新农村建设模式特别是前期的模式，对过去的老村落里的民间文化，特别是乡村建筑文化是一种破坏。推土机一来，所有的房子和树木被推平，划成豆腐块，修起来的房子都是一模一样的。

以前在西藏当兵回来休假时，在飞机上看到我们川西坝子都是这里一户人家，那里一片川西竹林，感觉非常好。我们记忆中的老家，都是有院子、院坝、小龙门，小龙门外面有小溪，房子边上有竹林，房前屋后种了些果树，能够听到鸡鸣犬吠，能够看到炊烟袅袅……这才是我们的川西坝子，才是我们川西老家的形象。现在这种新农村建设，如果再继续几十年，我们川西坝子这种村落形态就找不到了。而且很多新农村建设的房子，没有设计感，不洋不土。

"酒香里的中国，记忆中的老家"

酒庄再现了"种酒粮、酷酒窖、事酒艺、兴酒礼"等一系列的酒人酒事，游客可以亲身探秘百年古法的酿酒工艺，免费品酒、斗酒、酿酒；还有为顾客存酒，量身定制式酿酒服务；酒文化广场"大梁老戏台"定期上演，为游客尽情展示着酒文化的博大精深。酒庄是都市游客远离喧嚣、体验田园耕种、酿制原浆老酒、寻找儿时记忆的"梦里老家"。

何为特色？

特色就是设计，

就是把一个小点无限放大，

形成自己的故事和品牌。

第二章 乡村旅游创新案例研究

大梁烧坊　古法酿制 煮酒纳客

地下酒宫　私人定制 典藏绝世佳酿

草垛客栈　草垛里的诗酒乾坤

酒疗养生　汉风蜀韵沐酒香

于细微处，窥见一个酒庄的文化性格……

041

文化一定要有一个主题，要有文化的内涵，更要活化。文化不活化，项目就活不起来。所以文化一定要能够参与、能够体验、能够消费，不然就没有价值。

大梁老戏台——道不尽的酒人酒事

文化，是一个场所的灵魂。

很多规划单位，说到主题文化，一来就设计博物馆。博物馆一般资产很重，而且博物馆里的文化是死文化，是放在玻璃橱窗里让专家学者们去研究的文化，而游客是出来游玩的，不是来被说教和学习的。博物馆一般是政府公益性项目，作为一种文化的传播与传承而建立的，如果让企业来做，负担太大。所以，企业一定要做活化的文化，做能够参与和消费的文化。我的酒庄，其实就是一个活态的酒文化博物馆。我们在旅游动线、旅游产品、旅游活动的设计上，把酒文化赋予每一个产品。游客按照我们设计的游线玩一圈后，也就把我们的文化消费了。

第二章 乡村旅游创新案例研究

九朝会馆

上下五千年，宴饮天下客

心宿院落

隐身在阡陌田园中的家庭酒店

时而恢宏大气，时而恬静沉香
不是穿越，却是真实生活的演绎

043

乡村旅游创新案例
——乡村旅游操盘手实录与经验分享

公社老火锅 　　　　　　　柴火鸡 　　　　　　　大梁私房菜

农庄，承载着我们对乡村最初、最真的期盼
它既应是一种回归自然的生活方式
又应在创意设计中重塑乡村的独特价值

大梁老酒 　　　　　　　　　　　　　　小九儿

喜九儿、红九儿

PART 3 醉在高粱地

走进大梁，就像是走进了电影《红高粱》的世界。红灿灿的高粱，像无数支火把，又像喝醉了酒的红脸大汉。这火红的高粱，不仅体现了大梁人对这片故土的热爱，更是他们一直以来执着奋斗的真实写照。

高粱万顷，醉在大梁

2013年，梁川亲自策划并打造的万亩高粱地惊艳亮相。这不仅是大梁酒庄"农旅互动、产业融合"理念的成功实践，也成为了四川省独一无二的乡村旅游景点。

回归农业根本，保持农者初心

万亩有机高粱种植基地

为什么种高粱，其实有几方面的原因。首先，是因为食品安全。现在市场有很多是酒精酒，很多顾客都对市场上的酒产生了怀疑。我种高粱的目的就是要让游客看到我的酒从源头到餐桌，从田园到餐桌。

其次，是为了打造大地景观。从旅游的角度来讲，除了花卉可以做大地景观外，红高粱一样，而且大片大片的红高粱景观一出来，非常有味道。

最后，是为了获得农业政策的支持。

链接客户情感，赢得客户信任

第二章　乡村旅游创新案例研究

> 我们这里共有99个窖池。实现了循环经济，酿酒的高粱酒糟和餐饮泔水可以拿来养猪，猪粪可以拿来种植高粱，高粱的秸秆全部压缩成生物质燃料来酿酒，所以从种植到酿酒，都是绿色干净无污染的。

万亩红高粱的种植，不仅为游客打造了一道不一样的乡村田野景观，收获的高粱又是酿酒的原料；酒窖既是酒庄的工业"车间"，又是游客的观光地和酿酒体验地；同时酿制的美酒又是商品和绝佳的伴手礼……

大梁酒庄形成了一条完整的纵向产业链，实现了三产的有机联动和循环，筑实了酒庄的产业基础！

三产融合，

不是简单的并列相加，

而是不同业态间相互衔接、相互诱导和相互拉动

047

PART 4 田园乐翻天

田园乐翻天，以酒文化为背景，打破了传统思维，将农业与文化、艺术创意结合，提升了农业价值与产值，为大梁酒庄注入了新的活力与商机。

定位

"嬉戏田园一天，穿越时空千年"

田园乐翻天项目打破固有的"就农业而种庄稼"的思维，在不破坏土地的基础上，以酒文化为背景、以稻草艺术为主题、以万亩高粱田为载体、以灯会的制作手法、以迪士尼的游乐方式，将中华上下五千年的民俗文化、老成都童趣文化、川西农耕文化、天工开物等非物质文化活化于田间地头，将田园变乐园，将农业园区变旅游景区。

> 做酒庄策划时，我就在思考酒庄只能满足成人需求，但小孩来了玩什么呢？小孩都很喜欢迪士尼，如果把迪士尼的概念用到我们的乡村，这样不就能吸引小孩了吗？但是怎么操作？我们小时候有各种乡村游戏，能不能嫁接迪士尼的概念，把我们传统的、祖祖辈辈小时候玩的内容用迪士尼的方式来表达和展示出来呢？

乡村最大的特色就是田园，田园里农作物最大代表就是稻草，所以我又想到了以稻草人为主题，用稻草人打造卡通形象，而且投资成本又小，又没有破坏土地，一样可以种庄稼。改变一种方式，换一种不一样的迪士尼。

用智慧与创意，复苏这片土地的记忆，
创造出更多精彩的故事

刚开始做的时候，我就找过北京的迪士尼知识产权保护机构，谈过乡村迪士尼这个想法，也得到了他们的支持。但是没有想到，不到一年，田园迪士尼影响力越来越大，在网上一搜全是我们这里。当时上海迪士尼马上就要开园，所以对方要求我们换名字，不能用迪士尼作广告宣传。我也想到要做到自己的 IP，于是就改名为田园乐翻天。

乡村旅游创新案例
——乡村旅游操盘手实录与经验分享

草艺田园

兵马俑阵　　　　　　白雪公主　　　　　　垃圾桶

功夫熊猫　　　　　　　　　十二生肖

田园花海

我们都是田园里的守望者

亲子体验

农事体验

亲子厨房

自然，是孩子最好的老师

亲子活动

工艺传承

邛竹编　　　　　　　　　　　　欢乐陶吧

民俗展演

大花轿　　　　　　　　　　　　民俗花灯大巡游

寻回幼时的记忆，失落的乡愁

　　田园乐翻天是一个创意田园，打破了传统农业。现在如果纯做农业，离开政府政策资金扶持，都没有发展前景。但是如果在传统农业的基础上，赋予其游乐、休闲、体验等功能，它就不一样了，收益来源也就不仅仅依靠单纯的农业了。

　　目前我们田园乐翻天效益很好，而且投入较低，采取"固定工＋临时工"的用工模式。乐翻天里面一共有40多个游玩项目，除了自己打造的部分外，与其他公司合作，将海盗船、摩天轮等设备外包，既可以丰富游乐项目，又减轻了资金压力，同时还可以转嫁特种设备的安全风险，将风险降到最低。

PART 5　再次扬帆　继续远航

大梁酒庄在打造了完整的纵向产业链的基础上，以旅游为基础，横向整合农业、教育、酒店、婚庆等产业，形成了"横向拓展，纵向拉伸"的完整产业体系，提升了酒庄的产业化水平。同时也丰富了酒庄的业态，为游客提供了多样化的体验。

高端度假酒店
——云居水渡"水上的院子"

"云居水渡——水上的院子"是大梁酒庄目前正在深入推进的三期项目，是一处以水为题，以禅为道，于繁华中寻找质朴静谧的"枕水山居"。

项目于低调内敛的水渡村舍中回归朴素之美，于暮鼓晨钟里远离尘世、返璞归真。让"慢聊、慢饮、慢食、慢泡、慢读、慢写"的善养慢生活充盈于项目的每个角落；以"修禅"悟道，修身、养心、悟得、放下，体验心灵的回归，感念禅修之境界，顿悟置身世外、波荡心弦的释然，力求让旅者在山水禅音中养心、养身、枕水、沐水，在水景庭院中度过一段"大隐于市朝，小隐在村野"的闲适时光。

为在酒村留下一方私密的空间，寻找一处静谧的安详，奢享一段属于自己的时光，云居水渡相对独立和封闭，以期闹中取静，以静会动，与大梁酒庄和田园乐翻天形成一静一动的休闲度假格局。项目中规划 50 亩湖泊为载体，利用湖泊自然而然的弧度，将 36 座"云居"环湖镶嵌于湖泊之上。其定位为低调的奢华酒疗水景客舍，马尔代夫海景房建筑元素与川西坝子合院风格融为一体的水上庭院，其本质已超越一般的酒店，它既是一个"水与禅意"为题的休闲景区，更是一个可以让人静心、养心、归心的"低调而奢华"的度假 FAMILY。

乡村旅游创新案例
——乡村旅游操盘手实录与经验分享

生活，其实是一门学问
是人和这个世界最为真实的相处之道

我国农村最大的问题，就是杂乱，如果像国外一样进行梳理、规整，原本的美就呈现出来了。国外的小镇，一切都是围绕着自然、生态、田园，庄园化发展，打破了我们中国一说镇就是一条街的格局。很多国内房地产老板一说开发度假小镇、风情小镇，养老小镇，一来就是先修一条商业街，把住宿、餐饮、酒吧等都弄到这条街道上来，实际上还是把城市的东西搬到了乡村。做旅游不是搞建筑设计，修每一处建筑，一定要问自己，这个建筑修来是干什么的。

我的理念和别人不同，虽然我做的东西没有很多高大上的东西，但是我一定要接地气。我们做的东西，规划每一个项目，必须赋予它主题。现在的旅游已经不是观光旅游时代，现在的旅游是深度体验式旅游，特别是乡村旅游，没有九寨峨眉的资源，更多是后期人造的。如何吸引人呢，必须靠主题，靠文化。

我们常说，市场主导，创意乡村，旅游没有创意，如果按部就班，就做不活。我在外面做策划、规划的时候，我首先要表明，如果政府领导要完全让我遵循上位规划，不让我打破用地指标，我不会接受这个项目，这样就好像是把框都给我划好了，这样我就没得发挥空间了，就不会有很好的创意点子，这样就吸引不到游客，也就等于白投资。其实做旅游，策划比规划重要一百倍！策划是管思路，管理念，管方向，管你举什么旗，打什么牌的。规划更多的是技术层面的东西。

创意婚庆

——花间谷·花田喜事创意爱情乐园

邛崃是一座"爱城",多少人因闻卓文君与司马相如的千古爱情慕名而来,寻找丝路之恋。为迎合青年情侣的爱情之旅,中国酒村四期项目以为"爱"而生,打造一处"花间谷·花田喜事创意爱情乐园"。

这是一方将婚庆、婚礼、婚宴、婚纱摄影整体串联的全产业链爱情文化创意体验项目,千亩花海田园中的东方爱情园区与西方爱情园区,以场景化与VR虚拟现实再现的中西方爱情经典故事,让情侣们穿越千年之爱:如卓文君与司马相如、梁山伯与祝英台、牛郎与织女、许仙与白素贞、董永与七仙女等;又如罗密欧与朱丽叶、维纳斯和阿多尼斯、罗伊和马拉等。你或许是卓文君、或是司马相如,时而又是牛郎与织女……让你穿越千年,体验爱的经典!

乡村旅游创新案例
——乡村旅游操盘手实录与经验分享

以爱之名　邂逅爱情

　　花间谷·创意爱情乐园建设了邛崃最大的婚庆演艺大厅，可同时容纳2000人婚宴和满足不同旅行团队品尝特色自助小吃、观看川西民俗表演。

　　依托现有的地形地貌，新建80亩"心形爱情海"，9个爱情港湾，99艘"爱之舟"船屋酒店，让年轻爱侣们体验与众不同的水上婚礼、入住"水上洞房"。并环爱情海铺设火车轨道，收购六七十年代报废的绿皮蒸汽火车，打造火车餐厅、火车酒吧、火车茶坊，营造一处移动的田园花海风景，让游客们体验"穿花海、拥心海"的浪漫爱情专列。同时建设爱情魔像馆，以3D、4D立体绘画和VR虚拟现实技术打造成都最大的室内婚纱摄影场景，定期举办传统婚庆巡游，推出水上婚礼、草坪婚礼等以及各类相亲会、鹊桥会……通过将爱情元素、爱情文化、爱情活动、爱情故事的演绎和体验，打造一处"赏田园花海、享浪漫爱情"的七彩爱情乐园，将邛崃建成"丝路的爱谷""天府的爱城"！

高端品质善养度假旅游目的地

——丝路酒寨

未来，酒庄还将依托中国酒村地处"丝路首城、茶马古道"起点的文化资源优势，建设以"浓缩的南方丝绸之路"为主线，串联九大民族风情农庄的"丝路酒寨"项目，为游客提供一个"回归自然，返璞归真"的高端品质善养度假旅游目的地：再现南丝路昔日的繁庶盛景，打造一个集乡村休闲、文化体验、善养度假、原酒定制、民族风情等多种功能于一体的具有东方气质的"山水田园、美丽乡村"。

> 从业态上我们讲究一二三产融合，纯农业是赚不了钱的，但是一产能够为二产和三产提供很多的服务。有了农业这一载体，特别是大地景观，高粱红了会吸引很多人过来，游客看到自己种的高粱就会对我们酒产品很放心。我们酒庄的清香型老白干，生产多少就卖多少，游客就买完了，所以酒庄的酒都不上市，市场上买不到的，只能到酒庄来买。

独乐乐　不如众乐乐

在业态的布局上，要针对不同目标客户群打造不同的项目。酒庄如果只做酒，那老年人和小孩就没有游玩项目。

我们为什么做田园乐翻天，很明显，留不住小孩，就留不住大人。如果把小孩经济做好做实，一个小孩可以带来很多人，小孩来了，父母爷爷奶奶亲戚朋友也就都来了。

我们为什么做婚庆，我们这个婚庆项目就是专门针对年轻人的。所以我们这里的灯光舞台都做得很炫很酷，很有创意。

我们的水上酒店就是专门针对老年人的，和小孩一样，一个老人一样可以带动一大家人。老年人在我们这里养老，他的子女朋友也会经常过来探望。

我做的就是大众旅游，是一种众乐乐的概念，既有高大上的，也有接地气的，任何人在这里都能找到玩的。

经验总结

1 精准把握市场需求，做深做实现代田园综合体

梁川从川西林盘、川西民居看到了都市人回归乡村的渴望，从高粱地看到了顾客对酒产品的质量要求，从迪士尼看到了乡村主题乐园的空白，从酒庄顾客身上看到了都市人对乡村度假、养老、婚庆等多样化体验的需求……

正是由于梁川超前的理念，始终坚持以市场为主导，明白城市人对乡村的真正需求点，做到了对市场需求的精准把握；更是通过创意化的思维、平台和渠道等打造了一个涵盖了酒文化休闲农庄、乡村主题乐园、高端度假酒店、创意爱情乐园的现代田园综合体，真正做活了乡村文化，做深做实了乡村产业。

2 一个有灵魂的场所

文化，是一个场所的灵魂。大梁酒庄以酒文化为主题，借助文化的力量，提升了酒庄的文化内涵和品位。同时，在主题开发的基础上，大梁酒庄坚持多元复合发展，不仅延伸和拓宽了产业链，丰富了酒庄业态，成为了一个对不同的人有不同定位的场所，一个以新乡绅的力量，真正推动当地发展的场所，更是一个有意义、有灵魂的场所。

3 集结乡村匠人，组建了一支最懂乡村味道的施工团队

实践出真知，高手在民间。乡村旅游最可怕的就是乡村的城市园林化，乡村除了缺乏管理人才，更缺懂乡村味道的建设和施工团队。梁川看到了民间智慧的力量，集结了一批最懂乡村的民间乡土工匠，项目到哪里，他们也就跟到哪里。其实，有时候，民间的创意反而更让我们惊喜，更能体现乡村的味道。

Q&A 交流问答

Q1 大梁酒庄是如何处理与老百姓的关系，实现对周围村民的带动？

首先，酒庄可以满足部分农民就业问题。当地人可以在自己家乡就业，照顾家庭，而且更有归属感。对于一些老房子，酒庄采取置换的方式，在城区或者新农村购买新房子和农户置换宅基地，让他们能住进城区，这是很多人都没有想到和奢望过的。还有一种方式就是通过土地流转获得的租金收入。

过去我们这里的土地，很多农民都弃种了。但酒庄做起来后，很多农民也开始自己种植了，很多土地都得到了有效利用。酒庄的发展其实也是旅游扶贫的一种方式，旅游扶贫不是给农民多少钱，而是一种造血式的扶贫。

Q2 您在打造大梁酒庄的过程中，遇到的最大困难是什么？

实际上，整个项目的开发最大的困难还是在用地政策突不破。集体建设用地存在的问题是无法上市交易，无法把产权进行分割。比如我想做共享农庄、共享院子，但是没有产权，风险大；如果我要取得国有建设指标，就必须把原来的老民居拆掉，净地拍卖。但是都已经拆了，原来遗存风貌都没有了，再来做乡村旅游就没有多大的意义了。

目前城市可利用的空间已经是越来越有限了，下一步中国经济的拉动可能要靠乡村。如果乡村能够在用地政策和土地权属问题上有突破，乡村肯定大有可为。现在乡村旅游亟待解决的问题就是要让集体建设和国有建设用地一样，可以上市交易，可以转让可以买卖，否则乡村旅游就不能突破。所以我认为，土地是制约乡村旅游发展最大的障碍。

Q3 大梁酒庄的盈利模式是怎样的？

一是乐园门票收入。我们的门票模式一改以往主题游乐公园捆绑式消费为众筹式消费，非常契合成都人的消费心理，极大提高了人气，还稳定了流量。

二是酒的收入，我们酒庄的酒都不上市，做饥饿式营销，既能保证价格，也能防止假冒伪劣，保证品质。而且我要把酒庄打造成百年老店，把法国人做酒庄几代人传承的理念做好，我宁愿不盲目扩大产量，也要保证酒的品质。

三是我们的创意婚庆，很多人其实没有意识到婚庆产业的利益链，我们要把爱情文化变成可以游乐、可以体验和参与的文化，把爱情文化做实，让爱情文化活化，把爱情变成一个全产业链。

Q4 大梁酒庄现在对外的技术输出模式是怎样的？

我们做项目就像是把项目当作一个婴儿一样，要保证这个婴儿健康成长。所以从项目的前期创意策划，到规划设计到施工建设，到最后的落地运营，我们全程都要参与。因为方案虽然出来了，各地方施工的水平也不一样，很多传统古建筑景观造型不一定做得好，好的创意就落不到地。

Q5 您能谈谈您的管理心得吗？

旅游项目的管理，是非常庞大和繁杂的。任意一个项目，不管项目创意多好，设计的再好，最终都要靠管理来落实。乡村旅游最缺的就是管理人才。管理比规划设计更重要，运营才是最关键的，因为运营直接涉及游客的感受。旅游是靠口碑，乡村旅游是要让游客反反复复来，让游客每次来都有非常愉悦体验。总之就是要让管理服务为硬件带来溢价！

Case 3
明月村
遇见文创，遇见他乡里的故乡

第二章 乡村旅游创新案例研究

操盘人

陈奇
蒲江县城建投公司副总
蒲江县甘溪镇明月村荣誉村长

田园诗一样的女子，
村民眼中的"奇村长"

创业感言

不忘初心，方得始终

创意金点

文创撬动，三产融合
公益助推，共创共享

在318国道上
离成都90公里的地方
有一个小小的明月村

这里，松林低语、修竹如云
一口古窑，诉说着这个村庄的今时与过往

这里，真实、干净
还带着一丝文艺与小清新

这里，也细碎平常
人们却把日子过成了一首诗、一支歌

这里，是一轮冉冉升起的明月
是他乡里的故乡

这里，让我们看到一个村庄从灰姑娘到白雪公主的蜕变
也让我们看到了乡村的活力，中国乡村振兴的希望与未来

063

案例概览

Part 1 | **明月窑的前世与今生**
　　辉煌的前世
　　千年的沉睡
　　明月窑——活着的邛窑
　　明月窑的灾难
　　明月窑的重生

Part 2 | **将心寄明月**
　　青灯独舞
　　操盘领舞
　　与君共舞

Part 3 | **从灰姑娘到白雪公主的华丽蜕变**
　　文创激活乡村产业
　　文创激活个体细胞生长
　　社区营造，塑造新的文化内核

PART 1　明月窑的前世与今生

明月村，其实很简单，
无外乎一座窑、一群人与一个村庄的故事。
明月村，却也不简单，
就是这个小小的村庄，竟有着千年的文化积淀，也让我们看到了这千年文化裂变过程中的惊喜与意外，以及那蓬勃向上的生长力量。

辉煌的前世

邛窑，是我国历史上著名的民间瓷窑，是四川最具代表性的民间古窑，始于南朝，盛于唐，衰于宋，断于元，前后延续了800多年，是中国彩绘瓷的发源地。邛窑瓷器，集彩绘、雕塑、窑变于一身，造型生动、釉色繁多，极具地域特色和生活气息。

明月窑茶器，于朴素中闪耀着智慧的光华

千百年来，蜀地的邛窑通过长江水道与中原相连，邛窑先进的工艺，特别是"邛三彩"对北方的唐三彩、湖南长沙窑、安徽寿州窑，乃至宋代各大名窑均有直接或间接的影响，被誉为引领中国瓷器的色彩。省油灯的发明更是受到天下读书人的追捧。邛窑还通过南北丝绸之路与世界相连，不仅将中国瓷器远销海外，更将中国人的生活方式与中华文化带向了世界。

邛窑，不仅是中国彩绘瓷的发源地
更是蜀文化、中华文化的骄傲

千年的沉睡

邛窑十方堂遗址

邛窑作为中国彩绘瓷的发源地，其价值不言而喻，却在史籍中没有任何记载。因南宋末期战乱，邛窑断烧，烧制技艺也由此失传。从20世纪30~40年代起，邛窑出土的瓷器就备受关注，历经劫难的邛窑再度闻名于世，改写了中国陶瓷史。

中国科学院院士朱清时先生曾评价："邛窑和邛瓷，真是沉睡上千年，一醒惊天下！"自1984年以来，邛窑遗址前后经历了两次考古发掘，终于揭开了邛窑神秘的面纱。

明月窑——活着的邛窑

明月村位于大五面山浅丘地带,为蒲江、邛崃、雅安交界地带,是四川高岭土储藏量最大的区域之一,陶泥资源储量丰富,自古就有烧制邛窑的传统。

明月村有一座目前四川唯一"活着的邛窑",以烧制民间日用品为主,几百年来未曾断烧。然而,作为邛窑的支系,因为自给自足,明月村上千年的制陶历史不为世人所知,和邛窑一样,也被长久地淹没在历史的深处……

三足小香炉　　　　　　　　　双流壶

明月窑的灾难

随着城市化的发展,明月村和众多乡村一样,也面临空心化问题,大量人口外出务工,制陶业逐渐凋敝。直到2008年,汶川大地震不仅给整个四川带来了巨大的灾难和伤痛,也让明月村唯一一口"活着的邛窑"也在地震中彻底断烧。

昔日的"市级贫困村"

明月窑,能否再现邛窑昔日的辉煌?

明月窑的重生

发现

2012 年年底,来自景德镇的陶艺家、"扫云轩"创办人李敏以志愿者的身份来到四川,并寻找邛窑文化的脉络,意外地发现了明月窑。正是这口古窑的发现,开启了这座小村庄的涅槃之旅。

定位

发现了明月窑后,李敏随即致信蒲江当地政府,希望政府重视邛窑,以邛窑文化来做文创和旅游。随后,蒲江政府和南方丝绸之路公司合作,经过多方论证、最终达成共识,确立了明月国际陶艺村的这一高瞻远瞩的发展定位。

修复

| 修复后的明月窑 |  明月国际陶艺村 |

2013 年 6 月,蒲江县正式启动明月国际陶艺村项目。李敏团队在修复过程中,打破了传统历史文化古迹的修复思路,以文创统领整个明月窑的修复,次年 6 月,明月窑修复完毕,"明月国际陶艺村"正式开村。

修复的不仅仅是建筑,

更是一个村庄的产业基底与文化记忆。

明月窑的修复,从爱心开始,明月村文创之路也由此拉开了序幕……

第二章　乡村旅游创新案例研究

PART 2　将心寄明月

―――― 青灯独舞 ――――

李敏（扫云）——明月村的发现者与奠基人

扫云，如一朵飘忽的云，随性、传奇。扫云与明月村，相遇虽然短暂且偶然，却开启这个村庄的诗和远方。

―――― 操盘领舞 ――――

徐耘——明月村的领路人

原蒲江县政协主席
3+2读书荟倡导人、研究者和志愿者
明月村项目发起人和领路人

明月书馆

乡村旅游创新案例
——乡村旅游操盘手实录与经验分享

奇村长（陈奇）——明月村操盘手

陈奇，蒲江县城乡建设项目投资管理有限公司副总经理，江湖人称"奇村长"。

"奇村长"到底"奇"在哪里？

初 遇

2014年4月27日，"3+2读书荟"公益组织两周年理事会在明月窑召开，我以志愿者身份第一次走进明月村。当时明月窑刚刚修复好还未开放，场内都是木头桌子，组织者给每个人发了一支铅笔、一张纸，每张纸上还放了一片树叶，用的都是明月窑烧制的茶杯，里面放了几片明月村当地的茶叶。会后我们用了素餐，熬的是茶叶粥，都是当地食材，所用的器皿全都是明月窑烧制的，非常雅致。

当时一共就20多个人，又时逢春日，感觉空气中有种淡淡的柚子花香，很舒服，我非常喜欢这种感觉，这里的一切都让我非常感动。

现在回过头来想，我来到明月村并不是因为乡建或乡村旅游，而是被乡村自然的生活美学所打动。俗话说，念念不忘，必有回响。那天我非常触动，晚上回家后，就写了一首诗，还做了一个梦，梦见我穿着远远的阳光房宁远设计的布衣服，走在明月村的茶田里，做着和我现在在明月村做的一样的事情。

暮春，明月窑的一个下午

陈　奇

2014 年 4 月 27 日
暮春的一个下午
田间幽径　满目青翠
经散落的茶园
松林
修竹
至明月窑
空气中弥漫着干净馥郁的柑橘花香

禅音飘渺
木槿修长
柚子花洁白
蔷薇粉红
随意地插在拙朴陶器
便开启一场关于美的沉静之旅

宋时古窑
青石庭院
素木案几
明月陶器

读书荟至真至纯的美意
自新场的后院
蔓延到蒲江的竹海茶乡
至每个人心里

如这四月林间的熏风
席间这一盏茶
润泽心灵　洗涤尘埃

每一场茶席都是唯一的一次
每一天都是独一无二
每一个当下都转瞬即逝

在明月窑的这一个暮春的下午
因陶器之美，花朵之美，清泉之美
细节之美　素食之美
坚持之美　梦想之美
而隽永长存

不忘初心
走过千山万水
流经幽香岁月
沉淀芳华　凝结时光

方成散发温润光泽的明月陶
在一个清朗的四月的下午
盛明月新茶

与 3+2 的过去与未来相遇
与自己的心灵相约

离 职

从明月村回来之后,我就一直关注着明月村。其实那个时候我还在成都工作,也做得挺好的,但是我也一直在思考工作和生活的关系。我们做了很多项目,但是这些项目和我其实并没有多大关系,是没有生长性的,这个项目做完了后,就换做另外一个项目。我常常想,我们真的需要这么多商业项目吗?我自己到底想做一个什么样的项目,所以,后来我就直接把工作辞了。

回"乡"

2014年12月18日,我正式来到明月村。直到现在,我都很感恩明月村。明月村给了我很多以前完全没有意料到的收获和改变。这种可能改变了我整个人生。现在我非常坚定自己想要什么,非常坚定自己的生活,自己的家庭和自己所做的事情。这种坚定是以前从未有过的。

奇村长的"奇"
不仅仅是因为名字
更是她传奇生活的概括
她以对这方土地的爱、对工作的浸入
以自己的诚心和执着感动了艺术家和村民
在这里,她找回了自己
找到了自己的诗与明月,也找到了自己的第二故乡

与君共舞

宁　远（远远）

在明月村遇见的两位老人
让我想起了我的故乡
我喜欢在我的阳光房里
把时间"浪费"在美好的事物上

前媒体人、"远远的阳光房"创始人
明月村第一位新村民

有一天，远远和她朋友在石象湖，突然想起了年初徐耘主席和她提过的明月村，于是就过来看看情况。带远远参观的时候，她非常喜欢一个木头的、朴素的洗脸架。院子的大娘当即就送给了她，还帮她搬到车上。其实，这个洗脸架是这位大娘的嫁妆，一个素不相识的人把自己的嫁妆免费送给了远远，这让她非常感动。

就在远远准备离开时，她看到一个爷爷穿了一身蓝色中山服，上衣兜里别了一杆笔，他冲远远笑着，明亮而简单。后来，远远回到明月讲堂时，回忆起这些画面，当场潸然泪下。

远远的阳光房 　　　　　　　　　宁远（右）与奇村长（左）

远远说，她一个人走遍全国，也得到了很多荣誉，经历过万水千山，来到一个素不相识的地方，没想到这里竟让她想起了儿时故乡。当时远远都还未想清楚，就想着一定要为这个村子做点事情，所以第二周她就过来了。

乡村旅游创新案例
——乡村旅游操盘手实录与经验分享

李 清

我原本不看好明月村的
但是，明月村如画的马尾松和一个执着的 girl
让我选择留了下来

蜀山窑创始人，四川省工艺美术大师
明月村新村民

李清老师是四川陶瓷领军人物，扫云（李敏）她们就曾邀请过他，但那时李清老师不太看好明月村。我们团队入驻后，由成都市一位非常喜欢明月村的领导出面，将李清老师请了过来。李清老师第一次来时，完全是一副专家派头，当时就觉得要请到李清老师，估计不太可能。但他临走时说了一句："明月村的马尾松很漂亮，像是宋代画卷"。就是这句话，让我感觉我们可能还有争取的机会。

蜀山窑明月杯 　　　　　　　　　　　　杩槎竹笼紫砂茶壶

因为马尾松，我觉得李清老师和明月村还是有结合点的。很快我做了一份详细的项目建议书。第二周，我约了一个领导去李清老师工作室拜访。李清老师看到我的项目计划书后还是比较感动，态度也有了很大转变，项目书让他的项目在明月村能够很好落地，所以第二周也就签约了。

李清老师和宁远来了明月村之后，他们的很多朋友也来了，一下子明月村名气就起来了。明月村的文创之路，李清和宁远非常重要。

第二章 乡村旅游创新案例研究

CCDI 悉地国际董事长，
水立方中方总设计师
明月村新村民

赵晓均

你好，我叫阿呆
走进明月村，其实很简单
187 亩建设用地
还有那两棵青菜带给我的感动

因为宁远，我们结识了上海 i20 公益组织陈瑶，她来看了明月村后，立马就租了一座院子，临走时说要把她的好朋友赵晓均带过来。半个月后，赵晓均真的来了。当我带赵晓均参观时，蜀山小筑的房东阿姨，提着把镰刀，跟着我们走了 500 多米，只是为了在菜地里割两棵青菜给我。赵晓均看到我当时笑开了花儿的样子，就把这个画面拍了下来，他说他也一直在各地做乡建，但很多地方官和村民都把他们当作肥肉，从来没有看到过一个外来的年轻人可以和当地人这么完全没有心理障碍和间隙地相处，他很感动。加上明月村有 187 亩建设用地，当天他就拿下了第一块地，都没有见过蒲江任何领导。

在明月村，每个人都可以找到来的理由

PART 3 从灰姑娘到白雪公主的华丽蜕变

在明月村
你能感受到村民双眸里的善意
这是一个传统与现代、田园与文艺相容的生活社区
这也是一个新老村民和谐共荣、安居乐业的理想家园

文创激活乡村产业

文创产品 | 乡村旅游度假产品 | 优质农产品及加工 | 文化及乡建培训课程 | 手工艺体验产品 | 项目策划咨询、规划设计、项目建设服务等

生态农业 + 文创 + 乡村旅游

文创带动生态农业、乡村旅游发展;生态农业转型升级,传统农业与精致农业、文化创意、精深加工、休闲旅游有效融合,构建多层次的生态产业圈。

明月产业——传统优势农业

明月村依托茶叶、雷竹等生态农业资源,促进传统优势农业生产方式转型,力争在 3~5 年内,实现整村有机种植。

生态茶　　　　　　　　　　　生态雷竹

明月村主要有三大产业：文创、乡村旅游和生态农业。如何促进产业的可持续增收？明月村主要坚持以生态农业为本底,促进农产品向有机、生态以及精细加工的转变。通过做实农业,植根于农业,与文创、乡村旅游两大产业有机嫁接,从而打造一种文艺、清新的新乡村生活方式,树立整体品牌形象。

明月村生活方式是明月村的核心吸引力,文化、生态、产业、社区,构成明月村可持续的四个维度。

采茶 　　挖笋

明月酿 　　明月手工茶

农家香肠 　　农家腊肉

　　发展挖雷竹笋、采茶、采摘果蔬等农事体验项目，同时推出手工茶、花果酒、生态香肠腊肉、雷笋干等深加工农产品。

怀有对大地母亲的敬重，
传承古老的智慧，让阳光和雨露孕育出最健康天然的食材

第二章　乡村旅游创新案例研究

明月产业——文创

明月村立足陶文化，整合资源要素，引进优质文化创客和文创旅游项目，活化并提升本地文化资源和传统技艺，形成以陶艺手工艺为特色的文创旅游项目聚落和文化创客集群，为当地注入了新的发展元素。

远远的阳光房——阳光下那一抹蓝色的梦

蜀山小筑——小茅屋里的陶艺乾坤

呆住堂——阿呆的理想生活

乡村旅游创新案例
——乡村旅游操盘手实录与经验分享

说到明月村是如何吸引这么多创客和艺术家的，其实可以算是双管齐下。开始宁远和李清等这些新村民的个人影响居多，一个一个的个人，每个人都有不同的平台，慢慢地就像滚雪球一样。明月村有了一定的名声后，许多文创机构就主动找到我们。其实还是那句话，我们并没有刻意地去经营，任何一次活动都是一次窗口，口碑相传就有了今天的影响。

篆刻艺术博物馆	清泉烧陶艺工坊	火痕工坊
画月	素舍	搞事情小酒馆

艺术，为创作者带来惊喜
也激发了当地文化的潜在力量

目前，明月村已引入陶艺家、艺术家、设计师等"新村民"100余名，引进文创项目41个。我们引进了这么多项目，没有出现过一例纠纷。引进项目时我们也有所考量，如果对方是抱着逐利的目的，是不会被引进明月村的。其实我们更主要的还是看创客本人，要珍惜土地，要善，要对当地有所贡献，能够带动明月村的长续发展。

| 篱下 | 明月樱园 | 乐毛家 |

| 云里艺术咖啡馆 | 远家 |

很多人问我明月村是如何吸引并留住这些艺术家和创客的,我想可能是因为明月村是一个能够创造价值的平台,不仅是经济价值,还包括这些艺术家的自我实现。这个平台是艺术家们和村民们共同造就的。在这里,每个人都得到了生长和成长。

在乡村里,有很多事并非有机会才努力,而是努力到有机会为止。

——何培均

明月产业——乡村旅游

明月村坚持"村民参与、村民主体"的产业发展道路，由村集体、村民、财政产业扶持资金各出资三分之一，成立以村民为主体的明月村乡村旅游专业合作社，并聘请职业经理人管理。财政产业扶持资金不参与分红，三年后转股退出。合作社统筹明月村旅游资源，负责乡村旅游配套项目开发运营、旅游产品开发、村民创业指导和专业技术培训。

和其他发展乡村旅游的地区相比，我觉得明月村最大的个性就是真实、自然、干净。我们以乡村美学生活方式，让明月村成为一个场景。游客是这个场景的主人，来到这里，与空间发生联系，与这里的人发生情感联系。来到这里，会勾起游客对故乡的怀念和对乡间生活的向往。所以明月村不会修饰太多，顺其自然。

三千年读史，不外功名利禄
九万里悟道，终归诗酒田园

干净不仅仅是环境的干净，更重要的是心灵的干净与真诚。以前一个上海的摄影师来我们村里拍片子，与我们一起生活了很久，临走时，所有村民都放下手里的活来送他，真的非常感动。

画月

很多人都说发展了旅游后,村民之间就不会像以前那样淳朴了。这也是我一直思考的问题,经济收入的提高不是唯一的,在旅游收入提升的同时也要提升村民的幸福感,要让村民形成共同的价值观,让村民的精神和价值都得到提升,给当地带来真正的繁荣。

明月村观光车

提倡生活也很重要,明月村的发展核心还是为了生活。我们倡导细水长流,系统化发展,促进产业、教育、文化生活的共同发展。所以我们提出了"安居·乐业·家园"的理念,让明月村成为自然环境生态友好,产业可持续发展,文化有共同的根,村民友善喜悦,与外界良性连接的新乡村。

乡村旅游创新案例
——乡村旅游操盘手实录与经验分享

文创激活个体细胞生长

村民创业

在明月村乡村旅游专业合作社统筹下，目前已成功推出"谌家院子""饮食唐园""月溪客栈""竹苑人家"等农民创业项目26家，建设家庭客栈50余间，村内就业100余人，有效带动当地农民就业创业、增收致富。

豆花饭 　　　　　　张家陶艺 　　　　　　竹苑人家

饮食唐园

陶艺传承人 　　　竹苑人家老板 　　　90后返乡创客

这里，有着无限可能……

084

社区营造，塑造新的文化内核

公益助推，共创共享幸福美丽新乡村

- 由村委会和蒲江3+2读书荟牵头，联合i20、夏寂书院等多家公益组织，结合本村实际，深耕细作社区营造。
- 定期开展"明月讲堂""明月夜校""明月画室""明月陶艺"等常态化公益培训，举办各类文体、展陈和分享活动，带动乡村传统手工艺恢复和发展、促进明月村文化、产业和村民素质提升。
- 2016年，明月村获评成都市城乡社区可持续总体营造行动优秀案例。

明月讲堂——专注乡村研究与乡村建设

每个人心里
都有一个明月村
她是日常的
自然生长的
舒展着松弛与诗意的
你最想回到的
精神故乡

"明月讲堂"吸引来自全国各地3000余人现场听讲，线上传播受众超过30余万人次，被列为"四川省旅游发展委培训中心乡村旅游培训精品课程"。

是讲堂，是窗口，也是桥梁。在这里，以分享和互融的姿态，
生长出了不可预估的力量

乡村旅游创新案例
——乡村旅游操盘手实录与经验分享

明月讲堂——关注村民创业与发展　　　　明月讲堂——为当地小孩培训书画

公益，是责任，是信念，更是善的力量

古琴社

音乐种子

第二章 乡村旅游创新案例研究

明月染村民培训 　　　　　　　　蜀山窑陶艺培训

明月轩篆刻培训 　　　　　　　　月是故乡明音乐会

村民陶艺培训班 　　　　　　　　雷竹春笋艺术月

成都创意设计周 　　　　　　　　中韩明月跑——乡村马拉松

087

乡村旅游创新案例
——乡村旅游操盘手实录与经验分享

草木染

雕刻　　　皮影戏 　　　篆刻展览

陶艺传承与体验

慢慢地，一个个新的文化内核正在生长……

周大爷的心声

我认为： 明月村的每一个文创项目、农创项目，以及明月讲堂的每期演讲和其他活动安排都是陈奇村长、李华老师、双丽经理等对明月村的成就与贡献。

我认为： 明月讲堂是学习的平台、交流的平台、友谊的平台

我认为： 徐耘主席、陈奇村长、李华老师、双丽经理、赵晓均董事长、代晓丽村长都是我的良师益友，他们有一个共同的特点——德才兼备，我对他们充满敬意，每个人都是我最崇敬的人。

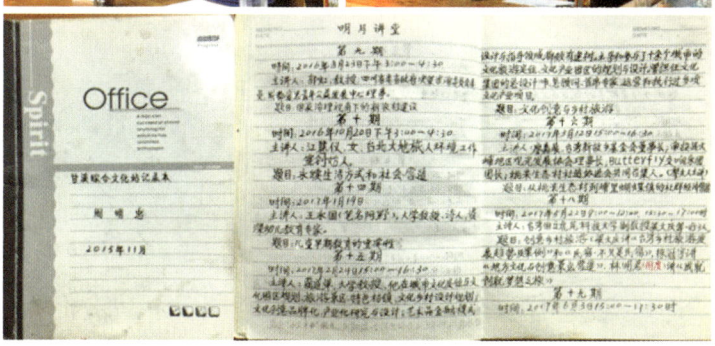

周大爷的笔记

73岁的周明忠周大爷每天都会到明月书馆里看书，风雨无阻。每一期的活动，周大爷都要参加，认真做好笔记。周大爷说，明月村文创的引进，丰富了村民的精神生活。

乡村旅游创新案例
——乡村旅游操盘手实录与经验分享

周大爷与明月讲堂

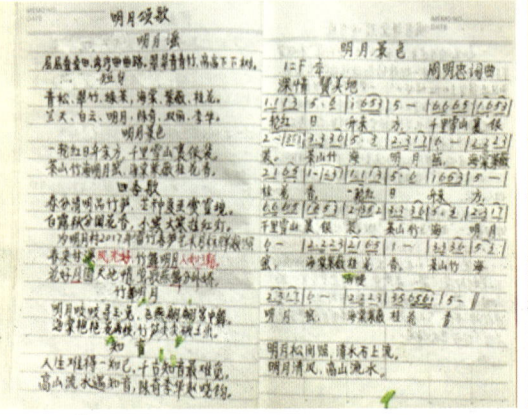

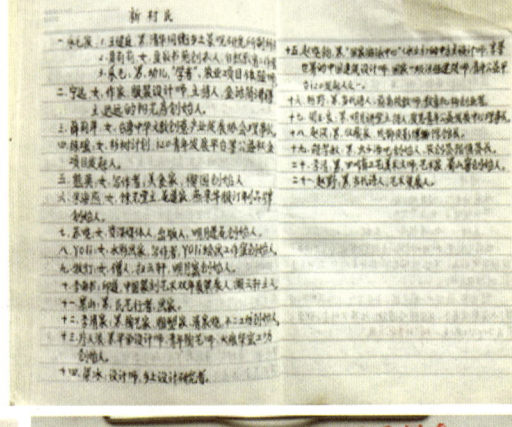

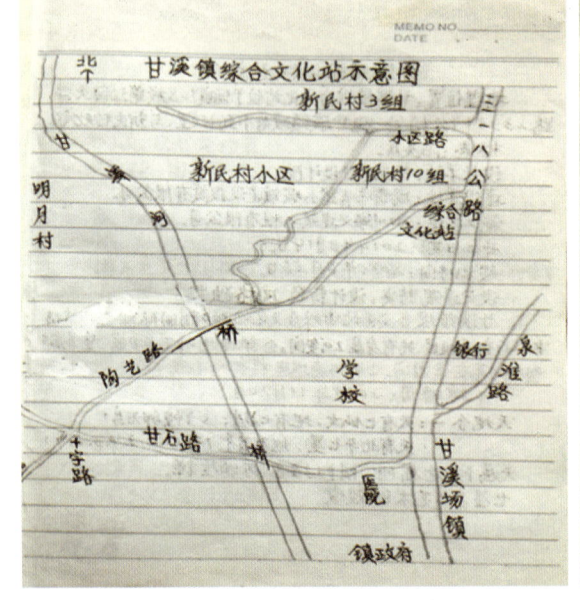

在明月村，这样的故事还有很多很多……

经验总结

1 模式，前进方向的指引与保障

明月村形成了"政府搭台、文创撬动、产业支撑，公益助推，共创共享"的发展模式。①政府负责项目规划引进、基础设施配套建设，是明月村发展的领路人、带头人。②文创项目的引进，带动了当地生态农业及乡村旅游的发展，带动了当地村民的发展。③公益组织与旅游合作社，致力于关注村民的发展，致力于和谐社区的营造，充分体现了明月村以村民为主体的发展原则。

正是有了政府、合作社、公益组织各主体的和谐分工、各司其职，才让明月村一步一步、有条不紊地成长为一个经过科学规划、细心打理的文创新乡村，一个共创共享的新空间。

2 文创，激发乡村内生活力

文创的引进，不仅为古老的明月村带来了艺术，带来了美，在传承与创新中恢复了传统技艺，实现了明月村文创产业和传统乡村产业之间的互动、互赢，重塑了乡村价值。村庄的生长力量应该是一种由下而上的生长力量，明月村通过文创撬动乡村建设，激发了当地潜在的生长力量，让村民重拾对乡土文化的自信，重新得到发展的动力，使明月村真正进入了生态、经济、可持续的发展循环，并逐渐恢复和建立起一个安居乐业的家园。

3 公益，塑造新的文化内核

明月讲堂、明月夜校等公益活动不仅为明月村搭建了一个与外界连接的交流平台，使明月村逐渐从一个封闭的乡村空间转化为一个连接城乡的开放空间，更在潜移默化中影响着当地村民，促进原民素质的提升，带动村民的成长与发展。

所以说，如果明月窑是明月村原有的文化内核，那么，明月村的公益和社区营造，则是在塑造新的文化内核，于这片土地，更于这片土地上辛勤劳作的村民……

Q&A 交流问答

Q1 一路走来，你觉得最大的挑战是什么？其间让你最头痛的是什么？

专业人才的限制。2015~2016年的时候，我们当时只有4个人，人力资源极度缺乏，非常辛苦。而且我们工作组的其他3个人都没有接触过规划设计，所以开始很多项目的规划、设计、文案、宣传册这些都是我一个人做的。最头痛的就是时间不够用，我们经常白天接待，晚上加班写策划文案，每天连轴转。虽然每天这么忙，我也从未怀疑过我的选择。刚开始我还担心明月村很难破局，但是我从未想到过会发展这么顺利，远远超过所有人的预期。

Q2 明月村是如何实现原住民的增收致富的？

明月村村民收入渠道有以下几种：①闲置房屋出租，获得的租金收入，就是房屋资产收入；②来自工作岗位的收入，如在阳光房的草木染、陶艺工作室、民宿的服务者等，也就是他们的工资收入；③经营性收入、农产品收入等；④旅游合作社的分红收入。旅游合作社是2015年成立的，市场化经营，以村民为主阵，县上拨财政资金30万元，村集体出三分之一，股民一万元一股，聘请了专业的职业经理人管理，包括讲解、观光车、旅游产品和培训等。

Q3 明月村为什么会吸引这么多人前来呢？

我觉得明月村只是一个空间，空间是物理的，但地方却是有情感的，在明月村这个地方，每个点都会发生连接，很多个人和组织都得到了成长。明月村也是一种乡村现象，乡村现象其实并不具象，它可以是任何一个村庄，只是刚好是明月村。地方很重要，明月村对生活在这里的人很重要，对我也很重要，但是我并没有把自己完全陷于这里，随时可以抽身，因为站在事外反而能够更加坦然、更加理性、更加清醒。

Q4 在做乡村文创时，文创品牌与影响力形成过程中最关键的点是什么？

我觉得乡村文创品牌和影响力的形成过程中，最关键的还是要实实在在做事，做好产品和内容，不要刻意宣传，我们在媒体方面没有投放任何资金，都是媒体主动联系我们的。一句话就是"内容为主，产品为主，村庄要避免过度的消耗"。

Q5 对于明月村未来的发展，你有什么想法吗？

明月村再过两年就基本全面建成了，但是我觉得明月村的发展其实是一个过程，它并不是为了具体某一天，或者是某一个时段，过程更美好。如果一定要有一个发展设想的话，我希望明月村处理好三方面的关系。①人和土地的关系：继续坚持以农业为基础，做好未来水系统，保持好良好的生态。②人与他人的关系：希望每年大概就20万～25万的游客量就行了，当地人和政府都有这个共识，人太多了，会破坏明月村的宁静状态，否则新村民就走了，明月村就不再是新老村民共创共享的生活空间了。③人与自我的关系：希望明月村能够成长为一个真正意义上的环境优美、生活富美、风尚新美的安居乐业家园。

Q6 你觉得乡村操盘手应该具备哪些素质和能力？

①要有独立的人格。因为知名度起来以后，各界都会对你提出很多要求，也会有一些不好听的声音，所以要有自己独立清醒的判断，把握好度；

②身体要好，乡村工作不是想象得这么简单容易，工作量非常大；

③要能够突破身份限制，尊重老百姓，真诚地和村民交流，倾听他们的心声；

④要有韧性，能够坚持。很多事难就难在可持续，而不是图一时的热闹；

⑤综合能力要强，不仅要有专业知识，待人接物、交流沟通的能力也很重要；

⑥要没有野心，无欲则刚。面对非议，不解释，做好自己，时间会说明一切！

Case 4
幸福公社
都市人的乡居梦

第二章　乡村旅游创新案例研究

操盘人

史御力

幸福公社创始人

成都银狮房地产有限公司董事长

一位极具艺术情怀的地产人

创业感言

管理好自己的时间，坚持学习
永不放弃，且有一颗慈悲的心

创意金点

设计激活，跨界创新
平台孵化，彼此成就

你说，你太忙太累了
我说，越是忙碌，越是迷茫，是时候慢下来了

你说，你生活得太苟且了
我说，是时候从心开始，
去追寻诗和远方的田野了

你问，为什么现代人越来越孤独了？
我说，人心的距离，邻里关系的淡漠
让我们忘却了人与人之间其实还有信任与温暖

你问，幸福到底是什么？
竟值得我们穷其一生去追寻？
我说，其实啊，幸福很小，也很简单
幸福的核心，就是回归到生命原本的质朴与安宁

你问，哪里能找到幸福？
我说，幸福真的不太远
成都西，田园边，一个叫幸福公社的地方
在那里，有一群志同道合的人
隐于山水，归于田园
在那里，他们会遇见了一个更加美好的自己

案例概览

Part 1 | **许你一处乡居**

　　让生活回归邻里

　　在乡村田园中慢慢变老

　　多彩的社区活动

Part 2 | **文创·乡村**

　　三大孵化器之——当非遗遇上文创

　　三大孵化器之——文创服务乡村

　　三大孵化器之——社员创客平台

第二章 乡村旅游创新案例研究

PART 1　许你一处乡居

每个人心中，都有一片田园、一个村落理想；
可曾几何时，乡村却成为了都市人回不去的故乡、融不进的远方；
才发现，回乡竟也成了一种奢望；
但幸福公社，却给了都市人一个回乡的理由，
还了都市人一个乡居梦……

薄田·乡居·家园

我们以为我们离不开城市，
其实，我们离不开的是对城市的依赖，
我们以为我们回不到村庄，其实，我们回不到的是内心的朴素。
在幸福公社，乡居不再只是向往的生活，
而是能让都市人在一片质朴与安宁中，重新审视和明白自己的精神空间……

一院一世界

为什么想到做乡居，其实是因为我的父亲。他一直希望在乡间有一块田。以前我们住在机关大院，每家每户都有一块自留地，邻里关系也很和睦。直到后来住进商品房，这一切都找不回了。那时我就承诺父亲，一定要到乡村给他找一块地，但父亲却不愿一个人守在农村。我说那我就让很多人陪你一起回到乡村！

所以很多年都有这么一个梦想，希望在乡村里面找一个城市人的家。因为城市人经过30年工业时代的碾压之后，他们的灵魂其实没有皈依了，只有土地能够把你收纳起来，所以我们每个人其实都想有一块地。

许老父亲一片田园

许都市人一个乡村的家

2008年地震后的一个月,我们来到这边考察。下了高速后,当时连路都没有,真的是有点儿失望。但当停留在这个地方的时候,我们看到这块地山环水绕,到处都是油菜花儿,又是雨后,几座小山雾气蒸腾,非常宁静,当下就决定,就是这儿了。

当时就是因为这美景,那一片儿油菜花,更重要的是我们有一套理念,把大量城市人吸引到这个地方来做新农民,所以就通过灾后联建的方式就把这个项目启动起来了。

一步一芳华

一户一品,移步易景
每一片瓦,每一块砖,都值得细细品味
每一次雕琢,都是对理想生活的匠心、对情怀的敬畏
这里,一座院子一个画面,一个转角就是一段意味深长的故事

乡村旅游创新案例
——乡村旅游操盘手实录与经验分享

让生活回归邻里

幸福的社员

住进幸福公社的每位成员被亲切地称为社员，基本上都是45～60岁的城市白领，受过高等教育，有军政干部、政府领导、办公室白领、设计院设计师、高校教师、医生等。

生活，是一场志同道合的旅行

这里的社员，喝山泉水，吃有机蔬菜，以棉麻为衣，
土陶为碗，竹木为器，彼此帮助，有田同耕，有酒共享！

这里的社员，他们热爱手工、艺术、旅游，
每个人都有自己擅长的事！

这里的社员，他们真实、开放、包容，
有着共同的价值观、行为模式、审美认知和精神诉求；
这里的社员，不是暴发户，而有一种精神上的贵族气质！

幸福，是你有一群好邻居

还记得儿时的院子吗？
前庭后院、瓜果飘香
炊烟袅袅，邻里相望
家长里短、笑语欢声
……

现代人居住模式的改变，拉远了人心的距离，邻里关系越来越冷漠。幸福公社生根于记忆中温暖的院落生活，致力于重建人们心中的大院，重塑和谐的邻里关系，让生活回归邻里，让人心的沙漠得到复苏。

邻里关系的重建，人与人信任的重建是幸福的前提

> 新的乡村游应该是体现一种和谐的人与人的关系，我觉得这个是很重要的，幸福公社最好的地方就是到邻居家去做客，这也许就是最好的旅行了。

在乡村田园中慢慢变老

涉足养老是因为我们发现社区里老年人较多,而且老龄化是一个趋势,养老本身也是未来的一个产业。所以,养老也是乡村游应该考虑的。在养老方面,幸福公社在国内一些专业的养老机构中还是有一定知名度的。我们倡导四位一体的养老模式,以乡村田园的方式承载养老。乡村有清新的空气,充满活力的健康生活,干净的食物,让你倒下的时间更短,站起来的时间更长。

幸福的田园生活

篱笆小院,青砖老瓦
田坎小径,古树老井
袅袅炊烟,几分薄田
日出而作,日落而息
与世无争,远离尘埃
　　回归自在
　　　……

豆豆农场 & 幸福公社生态绿色公约

幸福公社为每户业主赠送了菜地、相应农具及种子,十年无偿使用。社员们共同遵守《绿色公约》,几百亩的农田,经过五年的净化,没有化肥农药;遵循节气和气候、不种反季节蔬菜。

第二章 乡村旅游创新案例研究

农耕之道　　　　　　　　　　　　有机生活

土地，才是最诚实的
善待土地，就是善待我们自己

我们为什么要到乡村去，就是因为我们想要吃点儿新鲜的蔬菜。但现在最大的问题是，大家对土地都不信任了。当我们对土地的信任都已经消失的时候，实际上是对社会稳健的人与自然关系开始在崩溃了。所以我认为要做乡村旅游必须要恢复良好的人与自然的关系，真正做到有机、生态、绿色、自然。

山地自行车　　　　　　　　　　　　幸福绿道

公社为每户业主赠送山地自行车，并打造了四十公里的自行车骑行道，倡导有机健康的生活！

103

健康呵护，安枕无忧

在公社，早上10点钟要做广播体操，下午4点钟，要做眼保健操。社区配置了5个护士，每天为老年人免费检测血脂、血糖、脉搏，同时护士还会进入到业主家里查看老人的精神状态，陪老人一起读书、看报、散步和扫地，护士成为了社区年轻的纽带。

四位一体养老模式

- 老年人养老
- 中年人养生
- 家庭阖家度假
- 亲子自然教育

多彩的社区活动

幸福公社每周每月都会定期举办各类活动,包括乡村集市、坝坝宴、茶艺交流会、音乐会等,丰富了业主的日常生活。

坝坝宴——大院里的生活,市井里的中国

公社微电影——一场情怀的狂欢

公社彩猪节——绘上的不只是色彩,还有童年

为社区再造情怀与活力

乡村旅游创新案例
—— 乡村旅游操盘手实录与经验分享

幸福版图彩绘大赛——笔尖里的幸福生活

幸福千家茶——在茶香里修身悟性

幸福摊摊——买的是故事，卖的是情怀

幸福泼水节——生活本该酣畅淋漓

算盘节——用算盘打开大脑的玄关

PART 2　文创·乡村

文创，是一种生活方式
文创之于乡村，本质是城乡的连接
在幸福公社，文创就是设计
设计，让我们看到了人与自然、人与传统、人与乡村的无限可能

　　2016年，二期启动时，幸福公社就进入了一个新的阶段，乡村文创与旅游阶段。其实我是学美术出身的，所以一直就有这个情结在里面，一直希望把设计产业、文创产业引入乡村。

　　但这也是一个逐步摸索和完善的过程，最开始没有这么强烈和清晰。从产业的角度来讲，这个地方适合养老。但是，老年人到了这里干什么呢？城市人来这里又能干什么呢？所以必须要给社区里的人找到适合的生活方式、娱乐方式。在摸索中，我们发现文创才是最好的乡村生活。文创与乡村的结合是天然无缝的。

乡村旅游创新案例
——乡村旅游操盘手实录与经验分享

三大孵化器——当非遗遇上文创

非遗的背后是匠人精神！
匠人精神的背后是礼！
礼就是敬畏！
敬畏自然，敬畏生命！

乡村文创产业平台——成都乡村文创创新产业中心

  幸福公社引进了100多位手工匠人和非遗传人，在离自然最近的地方，打造了一个基于手艺传承的手工旅游村落——成都匠人村。
  成都匠人村是幸福公社的产业平台，也是一个集政策信息研究、创业指导培训和综合服务为一体的创业孵化平台。孵化内容包含非遗传承、手工文创、音乐、微电影、微餐饮、科技孵化、乡村改造、现代农业、儿童教育、设计艺术等。

「安老师的冷煅铜」用恒心熔铁，用耐心打磨出生活的味道

非遗是古人的人与人、人与自然的交往方式，但今天人们的交往方式发生了变化。古时候写封信，可能要等上一年，所以非常珍贵。今天微信上发一个表情，一秒钟就收到了，一个人一天的信息量，可能相当于古代人一辈子的信息量，所以也就会丧失很多东西。

所以当我们的生活方式、交往方式都发生变化的时候，我们的审美方式、对器物的使用方式也都发生了变化。今天的人绝不会为了喝杯水去烧个陶，为了看场电影去做皮影，为了盖块被子去织块布。大规模和高精准的社会分工，已经让很多传统工艺丧失掉了。所以我认为非遗的灭亡是必然的。

「陈宝的木勺店」木头的温度就是生活温度

乡村旅游创新案例
——乡村旅游操盘手实录与经验分享

「靳老师的绣馆」一针一线里的蓉城故事

> 但是今天我们应该怎样继承传统呢？我们认为需要经由设计来改造。其实就是用一个材料去转化一个材料，用一个功能去转化一个功能，用一个空间去转化一个空间，这样，非遗的文创就有了。所以传统的非遗必须经由设计才能够成为文创，才有话语权，才有生存价值。一定要适应当下人的需求，改变其传统的使用形式和使用方式。我们幸福公社现在就是在做乡村文创，我们就是把传统非遗在这个地方让它具有课程价值，让它具有现代审美和使用价值。

老李——一代"棕"师

找回丢失的传统与文化
传递民艺匠心与灵魂

110

三大孵化器之——文创服务乡村

文创于乡村最大的意义，
并不是文创艺术本身
而是与乡村关系的建立
文创开始服务于乡村

中国第一个农业创客中心

　　成都农业创客中心通过大学生下乡，为乡村带来先进的管理技术、创新思维和开拓精神，为农业标准化建设提供专业、标准的管理培训，以加快农业产品和服务品牌的建设，促进农村产业提档升级。伴手礼中心和高端的农产品溢价能力与品牌影响力，加快了与设计产业的融合，带动了农民就业、大学生创业和多家社会资本的进入。

成农创农业伴礼中心

我们提了一个概念：文创农业，共生园区。比如我们这里现在有1万多亩的葡萄产能，这算是挺大的了，但现在要求我们做到5万亩，而且现在葡萄、蓝莓、猕猴桃属于高危行业，其实际产能超过需要的2.5倍。如果单一的把1万亩变成5万亩，一旦到了收获季节，一起上市，价格立刻雪崩，就会造成非常大的损失。

这时我们要做的不是单一的发展葡萄种植产业，而是发展共生产业，形成价值链。比如葡萄胶、葡萄色素、葡萄花青素、葡萄籽油、葡萄醋、葡萄动漫、葡萄城堡、葡萄金融、葡萄定制等，就形成了产业链的一个闭环，乃至形成一个葡萄产业小镇，这样就建成了一个共生园区，实际上是以葡萄产业为主导的特色小镇，再把动漫、乡村音乐一起做起来，这样就从单一的产能的增长，变成了真正意义上的产值增长。

第二章 乡村旅游创新案例研究

红糙米——自然农耕，道法天成

富硒米——古法种植，有机原料

蜂蜜——甜如闺蜜

让植物保留与自然同理的天性
再通过文创，赋予农产品新的生命

乡村旅游创新案例
——乡村旅游操盘手实录与经验分享

　　文创农业，就是把设计产业和农业结合，从粗放式的、以农药化肥为主导的量产变为以有机绿色的、品牌为主导的精准产业。

　　我们为什么要打造农业的伴手礼中心，农产品中肯定有好的、差的，实际上就可以划分类别了，我们把农产品中质量最好的打造成顶级伴手礼，就可以把价格定得很高，也就能够带动较次的农产品的销售增长和消费。

豆腐乳——天生的馒头伴侣

安仁葡萄——甜过初恋　　　　手工茶——感受手作的温度

用设计的力量

打开农产品的创新发展之路

三大孵化器之——社员创客平台

幸福公社以"乡村生活+工作室+互联网+乡村市集"的模式,把社员变身成生活创客,每个人既是住户也是商家,是游客也是店家,是服务者也是玩家,让社区既是生活场也是生意场,最终形成财富共同体、知识共同体和价值共同体。

小悦客栈——不悲不喜,小小喜悦

布遇麻衣——一袭素衣里优雅与随性

乡村旅游创新案例
——乡村旅游操盘手实录与经验分享

毛哥凉拌鸡——生活就是一盘凉拌鸡

客户关系管理核心是基于价值观的管理，以文化的方式，实现客户与项目的共赢。

一是以宗教的柔性力量唤起人性的善，回归空性与慈悲。

二是让业主赚钱，优秀的项目应该设计物业的增值服务，通过社区创业、商气人流的塑造增加，达到物业自身增值的效果。形成社区的盈利模式和极致，这样的社区所形成的，与业主的关联关系异常强大。

三是让业主成长。社区，让业主处于持续学习的状态，成为学习型社区。一如大学，完成业主成长，财富增长！这需要强大的精神管理，使用儒释道的方式，让社区长出自己的精神之花，成就所有业主共同的善、付出、利他。

卤汁深——胡大哥的卤水江湖

第二章 乡村旅游创新案例研究

"再书房"——于质朴中，分享知识，分享温暖……

> 我们有一个幸福讲堂，给业主提供创业的学习平台，帮助业主创业。同时我们每周也都会为他们进行微推。来我们这里来考察的人员，我们也都推荐给我们的创业业主们。我们的创客包括公司员工、社员和外部创业者，形成了一个完全的全开放系统。
>
> 当然我们也会选择创客，比如是卡拉OK这类的是决对不会受欢迎的。凡事和传统文化有关的，和空间设计、材料设计、品牌设计、玩具设计都欢迎来到我们幸福公社。

幸福公社着眼于传统文化之美，注重对匠人的培养与孵化，专注于设计，将文创艺术带入乡村，激活了乡村产业，同时以利他之心，为业主创造成长的机会和价值，最终形成了农业、文创、社员众创三大孵化平台，建立了良好的社会生态和产业生态。

当越来越多的人加入创客一起玩时

世界将因"创"而改变

经验总结

1 邻里关系的重建与社区的复兴

在到处都是高楼大厦的现代社会，人们的居住模式拉远了人心的距离，邻里关系越来越冷漠。幸福公社的院落式住宅设计，让社员能感受院落的温暖、乡居生活的闲适与浪漫；丰富的活动，更是搭建起了邻里交往的桥梁。在幸福公社，社员们能够丢掉世俗身份，回归到人与人之间本真对接的状态。所以，幸福公社的价值，不仅在于消除了人们之间的冷漠与隔阂，重塑和谐的邻里关系，更在于营造了一种新型的社区文化，使幸福公社真正成为了一个有情感、有价值的社区。

2 农业创客中心，让文创真正走进乡村

幸福公社的农业创客中心，不仅为农业创业团队提供孵化服务，更重要的是为乡村带来了新的技术、新的人才、新的思维。通过文创设计，把"农业+设计"产业变成了"农旅产业"。如高端农产品伴手礼中心的打造，提高了农产品溢价能力和品牌影响力，实现了传统农产品向文创"艺术品"的转型、升级与增值，促进了传统乡村产业的提档升级，加快了农产品和服务品牌的建设，极大地带动了当地村民的就业与发展。

3 房地产转型升级的成功范例

在供给侧改革的大背景下，文化旅游地产的是住宅地产去库存、转型升级的重要手段，也为旅游业的发展提供了新的思路、载体和平台。幸福公社是文化旅游地产在乡村的生动实践，实现了城乡的有机互动与联结，创新了文化旅游地产，是房地产转型升级的成功范例。

Q&A 交流问答

Q1 幸福公社是怎样的一种发展模式？

　　幸福公社是在一个大的旅游平台之上，包括文创、农创、社员创业、儿童、养老的产业。幸福公社是一种新的产业形态，是由"旅游核心＋人文居住＋丰富的产业延伸"构建的一个新型的乡村旅游新模式。

Q2 您认为乡村哪些方面需要文创呢？

　　传统的农产品升级换代、农家乐升级为民宿客栈、营销上的突破等都需要文创设计。传统的非遗，是没有话语权的，灭亡是必然的，所以非遗的传承也需要设计的介入。

Q3 为什么要做中国第一个农业创客中心？

　　今天农村的问题不是增产的问题，而是增收的问题。要增收，就必须要做品牌建设。我们的农业创客中心定位为品牌中心，并从单一的品牌变为知识产权，其核心还是在于设计。

Q4 幸福公社是怎么吸引创客的，孵化平台又是如何运营的？

　　真正产生利润的是产业，旅游是入口。我们以从乡村游上升到产业小镇的思路，发展产业平台去孵化他们，给他们投资，做包装推广，每个星期我们配以源源不断的活动带流量，让他们能够赚钱与成长，把社员转化为创客。

Q5 您觉得幸福公社的价值是什么？

　　我们说真正意义上回到乡村，不是对农村资源的剥夺，而是要真正地爱这片土地，让城市大量的中高端、中老年消费人群下乡，在这个地方形成了新的文化艺术群，生活着，而不是表演着，这样我们才能和这个区域共同发展。我觉得这就是幸福公社所创造的价值。

Case 5

宝山村

中国西部第一村

宝山村的"中国梦"

我诞生在彭州市龙门山镇,那是一个青山绿水的好地方。堪比科罗拉多大峡谷的龙门山脉绵延几十公里,海拔 1050 ~ 4300 米。在党的领导下,我从贫穷到富裕,从落后到先进,成为了全国 4A 级旅游景区、中国西部第一村、中国特色旅游乡村。

中国梦,是振兴之梦,是富强之梦,是幸福之梦。

我,美梦已成真!

温饱梦

60 年代,贫穷让我"远近闻名",吃一顿饱饭是村民最大的渴望。

70 年代,改土造田,科学种植,解决了温饱,再也不靠国家救济粮。

小康梦

80 年代起,党政班子始终坚持发展集体经济,确立了"一矿二水三加工四林业"的产业发展思路,工业强村。

90 年代,创建宝山企业集团,工业致富,带领村民奔小康、共同致富。

我,一举成为中国西部乡村的旗帜。

幸福梦

"任何困难都难不倒英雄的中国人民"!

5·12 地震带给我 20 多个亿的损失,但也再次强化了基层党组织的战斗堡垒作用。两年时间,产值翻番!奋进中的我们始终不忘初心,那就是让人民幸福。

旅游富村,决策的出发点和落脚点都归于民生。

山区特色花园式社会主义新农村,宝山幸福不是梦!

操盘人

贾卿
宝山村党委书记
宝山集团董事长兼总经理
全国青年星火带头人
成都市第四届优秀创业企业家

一个村庄要发展，一定要有一个好的带头人。
好的带头人能够带好一班人，凝聚全村人。
贾卿，正是宝山村高瞻远瞩的带头人。
深受父亲贾正方的影响，心中从小就埋下了"共同富裕"的种子。
大学毕业后，毅然回乡，满腔激情地投身于家乡建设。
立足山村，以滴水穿石的执着，带领乡亲们建造美丽、和谐、幸福家园。
不忘父辈重托、不负群众期望，深入基层，科学决策，走共同致富之路。
青出于蓝而胜于蓝，新的时代，新的战略，他带领着宝山村百尺竿头、更进一步！

创业感言

用自己一辈子的努力，在农村闯出一条集体致富的康庄大道。

创意金点

因地制宜，道路自信；集体经济，制度自信；
宝山精神，文化自信；不忘初心，共同富裕。

案例概览

Part 1 | **宝山村脱贫记**
　　一穷二白
　　向土地要粮食

Part 2 | **集体致富路**
　　毅然的"集体经济"之路
　　向市场要财富

Part 3 | **向旅游要幸福**
　　大力发展旅游业的初衷
　　描绘灾后宝山村的锦绣蓝图
　　领秀天府　幸福宝山
　　器皿

Part 4 | **半个世纪的沉淀，遒劲亮剑**
　　智库：宝山村庄发展学院
　　价值：宝山精神

乡村旅游创新案例
——乡村旅游操盘手实录与经验分享

PART 1　宝山村脱贫记

人穷，不怕，
怕的是志穷。
每一个特殊的时代，总会有一位领袖人物，
指引方向、予人希望、勇于拓荒。

一穷二白

山高路又险，
村穷人心散，
姑娘留不住，
光棍一大片，
吃粮靠国家，
花钱靠贷款。

　　20世纪60年代的宝山村非常偏僻，是远近闻名的穷山村。每年粮食总产量1.6万斤，人均最高71斤。温饱全靠国家每年划拨的18万斤返销粮解决。

　　当时的农民往往会为了一个土豆打架。长久的贫困，让他们失去了千百年来农民根深蒂固地对土地的热爱。

124

第二章 乡村旅游创新案例研究

当贫穷的宝山村遇上了"病退"重返家乡的贾正方，脱贫记就此上演。

向土地要粮食

贾正方

宝山村老书记
中国功勋村官
全国劳动模范
中共十五大代表
全国优秀共产党员
中国村官终身成就奖

1936年，贾正方出生于宝山村，家境贫寒。16岁在地质队当上了组长，前途一片光明。天有不测风云，17岁时在一次排哑炮的过程中不幸受伤，右眼失明，左眼视力接近0.3。这对风华正茂的贾正方来说，无异于晴天霹雳，旱地惊雷。

在基层党组织的关怀下，贾正方振作起来了，并决心向保尔·柯察金学习。他怀着改变家乡贫穷落后面貌的强烈愿望，申请病退，于1966年回到了宝山村。

从此，宝山村开启了脱贫致富的征战历程⋯⋯

我要用自己一辈子的努力，在农村闯出一条集体致富的康庄大道。这不仅对宝山村、对整个中国农村，甚至对整个中国社会都有意义，这就是中国特色的社会主义。

——贾正方

乡村旅游创新案例
——乡村旅游操盘手实录与经验分享

改土造田

宝山村 90% 以上的土地都是荒山野岭,耕地不到 2000 亩,贾正方领导的基层党组织迈出了摆脱贫困的第一步:发动全村党员干部和青壮年劳力组成改土专业队,改土造田。他用无所畏惧的魅力,感染了当时人穷志也穷的村民们。靠人工肩挑手抬,历时五年改造梯田 715 亩。

贾正方 挥向贫穷的第一锹

挑的不是泥,是饱肚子的粮食;
抬的不是石,是活下去的希望。

科学种植

当时公社以生产队为基础进行集体劳动。我父亲有文化,有眼光与远见,回乡后在一生产队跟着老百姓做无偿劳动。他经常跟队长交流:怎么解决老百姓的温饱问题?通过改善土地条件,科学选种、种植、培育,精心护理,生产获得了大丰收。1966 年的宝山村年产粮 23 万斤,到 1974 年翻了 6 番,达到了 150 多万斤。村民不但吃饱了肚子,还家家有余粮。

眼亮心更亮,解决了温饱,贾书记的目光投向了村外的市场

PART 2　集体致富路

穷则思变，变则通，通则达。
变，不是盲从，而是因地制宜；
通，不是个人发展，而是集体经济；
达，不是私人财富，而是共同富裕。

毅然的"集体经济"之路

1978年，十一届三中全会召开，制定了"在农村实行家庭联产承包责任制""允许一部分人先富起来，先富带动后富"等改革政策。在全国普遍推行社会主义市场经济体制的局面下，此时已经解决温饱问题的宝山村人，发展之路该怎样走？

市场经济 PK 集体经济

我父亲在响水岩窝里主持召开大会，认真学习了十一届三中全会精神。大会上，现场对全村500多户村民进行了从户到个人的排查。结果发现100个人当中只有5.8%的人可以靠自己的能力致富，其余94.2%的是连种地都要靠你去指导的老实农民。会议最终确定：
坚持走发展集体经济并最终实现共同富裕的道路！
此次会议的决策对宝山村的发展产生了深远的影响。

岩窝会议

127

> 我们必须拼命把集体这个馍馍做得更大，把分配搞得更好，让村民们有想头，真正意识到只有集体才稳当！
>
> ——贾正方

集体经济 🤝 市场经济

我们发展集体经济的根本目的是保护并带动弱势群体，实现共同富裕，但不是吃大锅饭。开始发展乡办企业后，确实调动了很大一部分百姓的积极性，但效益显现后就出现问题了：一些干部既干公司，也干自己的，脚踏两只船。我们一方面在制度上禁止这种行为；另一方面强调要坚持共产党员信仰，走共同富裕道路，不能抛弃老百姓。

此外，发展集体经济不等于排斥市场经济，宝山村发展到今天已经是混合制体制了，相当于股份制经济。宝山村村集体占了18.5%，通过林权、集体土地要素入股，没有这些要素的生产队也分配了股份；宝山企业集团占了51%；剩下的就是群众个人的。每年分红到生产队，由生产队分配到个人，村民人均收入接近6万元，生活很有保障。

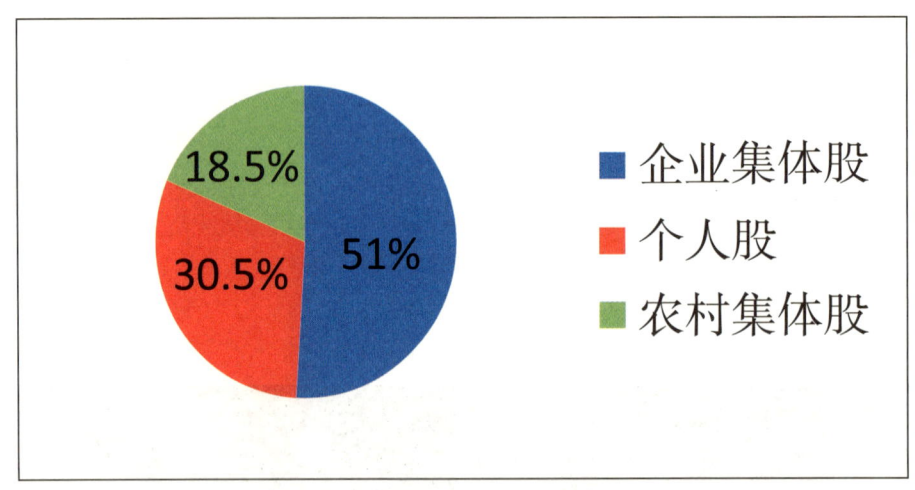

宝山村各主体股份比例示意图
- 企业集体股：51%
- 个人股：30.5%
- 农村集体股：18.5%

> 集体控股、个人参股，兼顾整体和公平，实现共同富裕，彰显社会主义特色基础上的市场经济效率。

向市场要财富

工业强村

无农不稳，无工不富。宝山村的经济如何发展？

由于地少人多，单纯靠农业富不起来。于是决定发展小加工业。我们"靠山吃山，靠水吃水"，因地制宜，走资源型发展路子，确立了"一矿二水三加工四林业"的综合发展思路，开始建设第一座矿山，修建第一座水电站……

发展工业，促进宝山自然资源对接市场，也带来了客观的经济收入，夯实了宝山村的经济基础。

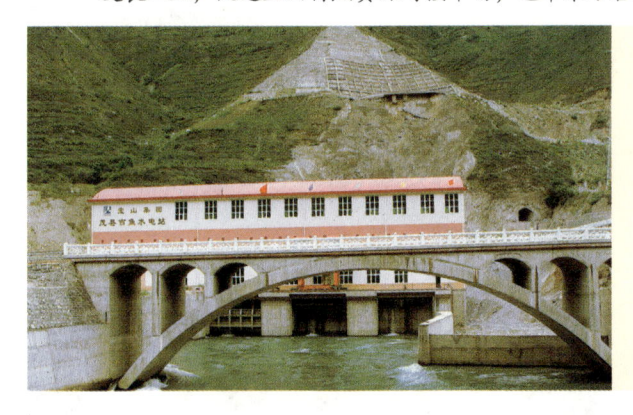

宝山茂县吉鱼电站

70年代起，宝山村"以林养水，以水发电，以电兴工，以工补农"。

电力已成为宝山集体经济的支柱产业。

宝山企业集团

1994年，宝山村成立了集水电开发，矿山开采，林产品加工、旅游开发为一体的综合性集团公司——宝山企业集团。截至2017年年底，集团固定资产达106亿元。

集团吸纳了村里90%的劳动力，为村民提供了95%的收入。

路子要因地制宜，才能大放光彩！

乡村旅游创新案例
——乡村旅游操盘手实录与经验分享

旅游业的萌芽

宝山村地处龙门山大断裂带，海拔高度1050～4300米，有丰富的动物、植物、地质资源，为合理开发这些资源，我们着力打造以回龙沟生态旅游区、宝山温泉开发区、社会主义新农村之旅共同组成的"宝山之旅"旅游品牌。

1996年，宝山集团投资开发回龙沟生态旅游区；1999年11月，"白水河森林公园"通过国家级验收；2000年开发了宝山温泉。

娱乐　　　　　　　　　　　　　　休闲

餐饮接待　　　　　　　　　　　　土特产——雪芽菜及白珠茶

PART 3　向旅游要幸福

借智于民，
用力于民，
共享于民，
宝山旅游业，为村民幸福而生。

大力发展旅游业的初衷

保护优美环境

发展工业后，我一闻到回龙沟沟口的硫磺味道就在思考：鱼和熊掌，不可兼得，要环境还是要当下的收益？经过集体商议，一致认为必须进行产业结构调整，科学规划，走可持续、创新型、规模化发展之路。一方面把工业向外转型，发展；另一方面在宝山村发展旅游，改善环境。

我们关闭了村里所有的煤炭、矿山、石灰窑等资源消耗型产业。后来又结合统筹城乡的要求，及时关掉了保温材料厂、天花板厂、滑石粉厂高能耗低产出的企业。

产业结构调整，保住了宝山优美的自然环境
"舍与得"的真谛，就是追求长久的综合效益

乡村旅游创新案例
——乡村旅游操盘手实录与经验分享

为民生幸福

我们宝山集团和一般企业做旅游思路是不一样的。外来企业投资是追求利润最大化,而我们是建设自己家乡,注重综合效益。基于可持续发展的原则,把旅游业作为实现共同富裕的载体和途径,从而实现提高收入、改善生活质量、提升村民素质,树立宝山品质和形象等目的。

即便投资旅游业不赚钱也无所谓,因为我们的生活环境改善了,住在景区里。更何况旅游业相比于工业不是高能耗高污染,是可持续的产业,积极影响更大。

不论是发展工业还是旅游业,产业不同,但思路是一致的,那就是谋百姓的共同富裕,以人的幸福为本。

宝山温泉度假区——镜湖

山府别墅群　　　　　　　　　　生态小洋楼

"山清水又秀,村强民更富,村民住别墅,家家文明户",
宝山村已今非昔比!

5·12地震，宝山村损失20多亿元。基层党组织充分发挥战斗堡垒作用，稳定人心，带领村民奋发向前。一年后，恢复生产；两年后，产值翻番。大灾难带来大机遇，宝山迎来旅游产业发展的春天。

描绘灾后宝山村的锦绣蓝图

宝山新村

灾后旅游产业发展思路

- 宣传口号：领秀天府，幸福宝山
- 以国际化、特色化、精品化、系统化为标准
- 以"一心三带四区"为规划思路
- 打造集观光休闲、养生度假、科考探险等于一体的综合型旅游景区
- 以创建国家4A级旅游景区、度假胜地、山区花园式社会主义新农村为目标

灾后，我请来一位画家，站在宝山村的山对面，从艺术家的视角描绘出宝山村最美丽的模样。

乡村旅游创新案例
——乡村旅游操盘手实录与经验分享

领秀天府　幸福宝山

政府打造村域整体环境——基础

要发展度假型旅游，优美的环境是基础，这样才能吸引游客，才能让游客停下来、住下来。因此，政府提出了"离城市最近，距尘埃最远"的口号，非常注重环境的优化，在空气质量控制方面，我们只允许燃烧天然气，不能砍树烧柴；在水质管理方面，政府斥资解决污水排放治理问题；垃圾处理费用，全部由宝山集团承担。为了逐步培养村民爱护环境的责任感，我们把农民的树通过股份的方式融合到公司里，每年分红；此外，引进5S管理理念，最终让居民形成一个良好的素养和习惯。

大地景观区

宝山茶博园

宝山集团旗下成立宝山农业公司，在原来改土造田的基础上，加大了大地景观区产业建设，丰富了景区业态、文态和形态，达到了生态与形态、人文与景观互补的效果。

政府布局旅游项目、完善配套——引领

做项目，市场很重要。宝山村以前经营农家乐，做的是比较低端的市场，生意集中在夏季，夏季一过游客就走了。所以现在政府引导村民要做度假型、康养型游客的生意。

大型的度假、户外运动、康养等基础设施和配套设施设备由政府和宝山集团来做，提供良好的外部环境和条件，为游客提供一种全新的生活方式，让他们酣畅淋漓地挑战自我；运动疲惫后，愉快地休息，享受康养等项目，以此平衡旅游淡旺季，延长旅游消费。而村民在这一产业链中参与旅游接待服务，提高经营收入。

既是观光，也是养生活动。既适合老年人运动，也适合一家人游玩，改变老年人以前单纯打麻将的旅游生活习惯。

乡村高尔夫

乡村旅游创新案例
——乡村旅游操盘手实录与经验分享

太阳湾风景区

景区入口　　　　　　　　　高山峡谷

户外运动是宝山度假旅游中非常重要的产品项目。太阳湾风景区的项目产业以高山户外运动为主，有森林穿越，从宝山穿越到阿坝州；滑雪场；高山峡谷运动项目，如滑翔、蹦极、玻璃栈道等有挑战性的项目。

滑翔　　　　　　　　　滑雪

山上项目与山结合，比如滑翔、滑索、滑雪；
山下项目与设施设备结合，比如卡丁车。

太阳湾登山挑战赛　　　　　　　　　卡丁车

把资源做足，形成立体化旅游项目

三大主题节庆

冰雪温泉节　　　　　　　　　　　时尚帐篷音乐节

蔷薇花节

温泉酒店

温泉是康养项目之一。我们的康养以森林、中医药为载体，形成体系，为游客的身心健康服务。

项目是发动机，是能量源，为产业的发展提供无限可能

政府营造旅游文化——提升

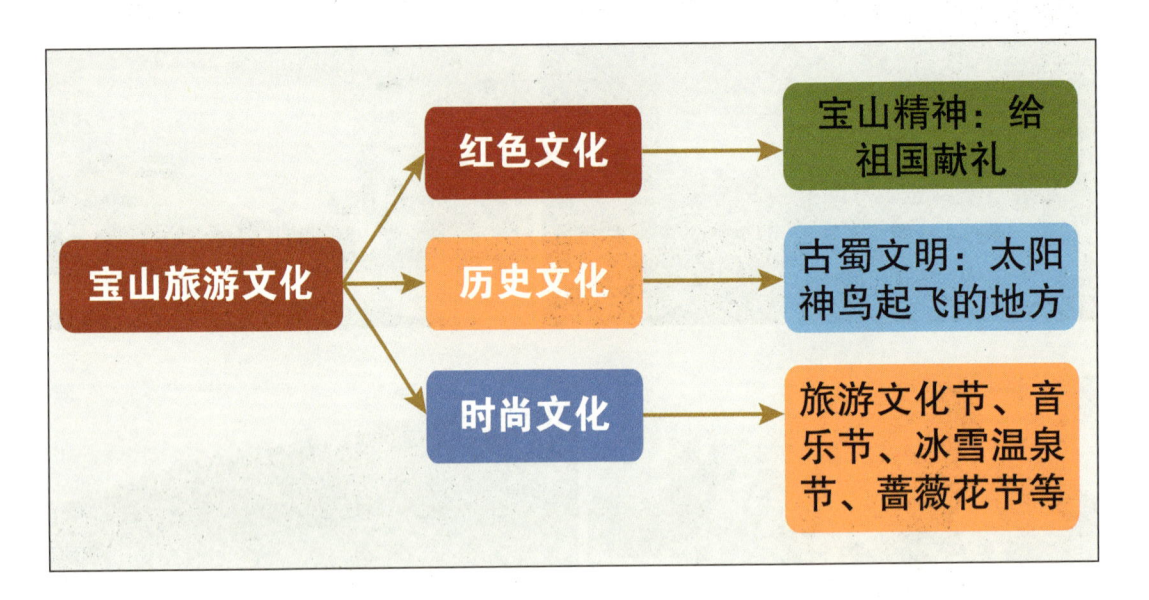

```
宝山旅游文化 ──┬── 红色文化 ──→ 宝山精神：给祖国献礼
              ├── 历史文化 ──→ 古蜀文明：太阳神鸟起飞的地方
              └── 时尚文化 ──→ 旅游文化节、音乐节、冰雪温泉节、蔷薇花节等
```

> 旅游文化是宝山发展旅游的生命。我们一方面做文化建设，建小型博物馆，如卡丁车博物馆，文化走廊等；另一方面用艺术提升文化项目，比如宝山传统文化、山地文化、精神文化项目。此外，我们还通过举办节庆来提升文化。每年投入上千万元，尽管现在效果不明显，但形成一种文化需要很长的时间，它非常重要，所以我们必须下决心，艰苦卓绝地去做这个事情。

结合乡村旅游产业提升，打造文化主题院落

古蜀文明符号融入酒店客房、餐饮器皿设计中

客房文化脚本

风雅
— 风姿 雅致
— 仪态
清逸 — 清新 飘逸 | 形态 — 鸟 — 神态 | 灵动 韵律 — 灵韵
— 动态
— 自由 自在
自在

器皿

| 红鱼装饰餐具 | 碗底为鱼形水纹，实木鱼形筷架 | 鱼形蘸碟 |
| 鱼小品盛器 | 鱼形饭勺 | 青花鱼形餐盘 |

文化赋予旅游生命

旅游真正的竞争是文化

139

乡村旅游创新案例
——乡村旅游操盘手实录与经验分享

着力提升居民素养——重点

如今，我们的村民生活在这里，服务于这里，生活区就是景区。村民是宝山形象的代言人，行为举止各方面的影响都特别大，所以必须提升居民的素养。农民文化程度不高，就让他们经常出去看、去感受，形成一种观念。没有专长的人要用不同的教育方式去培训、提高他。

旅游的发展带来了明显的社会效益，社会更加和谐。同时也改变了村民狭隘的个人意识，把宝山村发展与个人发展紧密联系起来。以前不爱卫生的人，现在主动礼貌地去制止游客乱扔垃圾。

除了对居民进行培训引导外，我们还形成了"招、引、请、聘、送"的人才战略，从长远性、根本上解决人才素质的问题。大量高素质人才的引进，不仅给宝山带来了先进的理念、管理和技术，而且也极大地影响和带动了当地的村民和职工，提升了本地人的科学文化素质。

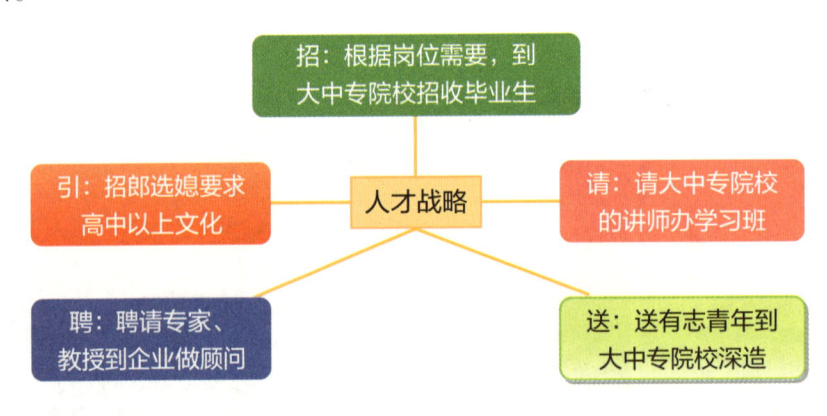

人才战略
- 招：根据岗位需要，到大中专院校招收毕业生
- 引：招郎选媳要求高中以上文化
- 请：请大中专院校的讲师办学习班
- 聘：聘请专家、教授到企业做顾问
- 送：送有志青年到大中专院校深造

把旅游业当作可持续发展的民生幸福产业来做，人人参与，让所有百姓受益，这就是共同富裕，经济的增长，素质的提高。

PART 4　半个世纪的沉淀，遒劲亮剑

宝山村的单体成功，不算胜利；
宝山村民的个体富裕，不算富强。
宝山经验，在共享中放大价值；
宝山智库，在理念交融中绽放光芒；
宝山精神，在时代革新中弘扬传承。

智库：宝山村庄发展学院

2016年，宝山村成立宝山村庄发展学院。立足四川，面向全国，将农村基层干部和村庄创新型人才作为主要服务对象，依托宝山成熟的村庄经济与社会发展底蕴以及50年创业发展的成功经验和模式，为村庄培养经营与实战的新型人才，提供人才培养方案。

宝山村庄发展学院

我认为发展的问题就是人的问题，人的问题就是文化的问题，文化的问题就是教育的问题，教育可以通过办学来解决。我们创办宝山村庄学院有三个初衷：培养干部、村民、职工；形成智库，支撑宝山的发展；为社会服务，共享经验。

创办一所学校，开设一门课程，最终目标不是桃李满天下，而是教学相长。

乡村旅游创新案例
——乡村旅游操盘手实录与经验分享

宝山模式分享 　　　　　　　　　　党性教育

学院定位：	三实教学：
乡村基层干部培训基地	实际：解决实际问题
乡村英才经营与实践培训基地	实用：讲实用、适用课程
乡村人才智库	实战：参与宝山实际、实战
乡村创业项目孵化基地	

中国名村收藏馆 　　　　　　　　　艺术展厅

教学理念——三带来：	教学理念——三带回：
带着真实现状来	带着解决方案回
带着具体问题来	带着专家顾问回
带着亟待解决的困难来	带着发展资金回

　　我们的教学重点是解决村庄发展的问题。为此我们专门成立了一个投资公司，扶助投资好的项目，促进农村经济发展，真正把教学办实，不是就教学而教学，促进学院发展得越来越好。

从一个村庄的共同富裕到全国村庄的共同富裕

价值：宝山精神

50多年来，宝山村犹如时代的弄潮儿，艰苦创业，奋进创新，用青春热血改写贫穷的历史；用勤劳智慧梳妆美丽的新颜；用恪守的集体主义道路奠定共同富裕的基石。几十年提炼而成的宝山精神，有血有肉，遒劲有力，影响深远。

宝山精神

创 业 精 神：自力更生，艰苦奋斗
集体主义精神：团结一致，同心奉献
创 新 精 神：勇于开拓，敢为人先
科 学 精 神：尊重知识，求真务实
抗震救灾精神：不畏艰险，同舟共济
奋进感恩精神：和谐理性，奋发担当

宝山村的成功，集体企业能做到今天这么大，与老百姓对基层党组织的充分信任是分不开的。上一辈的创业、我们这一代人的改革创新，都是为了百姓的幸福生活而努力，他们能真实地感受到。

我们的干部队伍风清气正，困难、灾难面前身先士卒，从不向困难低头，勇往直前。我常说，不是我感动了老百姓，而是干部们、老百姓感动了我，这就是我们集体经济形成的一种文化。如今，我们把宝山精神文化梳理出来后，在干部队伍中传播，教育下一代，将宝山精神传承发扬。

贾正方和少先队员们在一起

伟大的事业是根源于坚韧不断的工作，以全副的精神去从事，不避艰苦。

——罗索

经验总结

1 好的带头人和基层党组织对农村发展起着关键性作用

我国大部分农村村民的整体文化水平不高，自主发展能力不足，需要好的带头人指引发展方向，指导如何实施。带头人犹如火车头一般，是村民的主心骨。贾卿及其父亲都具有很高的思想觉悟、与时俱进的实践能力，始终以共同富裕为目标，以务实的态度、创新的理念、拼搏的精神和担当的气魄，领导基层党组织充分发挥战斗堡垒的作用，谋宝山长久发展之大计。

2 为落后山区发展提供了可借鉴的宝山模式

经过几十年的努力奋斗，宝山村创造了集体经济由弱到强、村民由群体贫困走向共同富裕、经济发展和生态文明同步提升的三大奇迹。宝山模式是西部山区因地制宜发展经济的探索实践和经验总结。宝山在改革、发展、开放等方面的创新，尤其值得我国广大农村地区特别是西部山区农村地区学习和借鉴。

3 重视人才、教育问题，为村庄发展注入永续动力

宝山村发展过程中，贾卿意识到旅游的发展要以文化做支撑，经济的发展最终要落实到人才队伍上，教育乃发展之根本大计。一个小村庄，办起了宝山村庄发展学院，请来全国农业、旅游、村镇干部和专家等授课讲学，形成智库。不仅培养了自己的管理团队和村民职工，而且与全国共享乡村发展经验，在交流中放大价值，为村庄发展注入永续动力。

4 乡村休闲产业是解决当前我国社会主要矛盾的重要途径

当前我国社会主要矛盾已经转化为人民日益增长的美好生活需要和不平衡不充分的发展之间的矛盾。乡村复兴、乡土回归等号召唤醒了城市人返璞归真、追求健康幸福生活的渴望；城乡融合发展，呼唤出乡村求平衡、平等发展的诉求。乡村休闲产业是对农家乐旅游模式的提档升级，它既能满足城市居民对美好生活品质的追求，也能满足农村居民对更好生活质量的追求。

Q&A 交流问答

Q1 您们是如何理解共同富裕的？

共同富裕就是效率优先，兼顾整体和公平。要符合市场经济原则，这必然会产生差距和矛盾，但宝山的经济制度结合了社会主义和市场经济的特点，在兼顾整体和公平的前提下去调和矛盾，就是共同富裕，但不等于是吃大锅饭。通过发展集体经济，这种高度集中的管理体制可以发挥企业优势，进行大的投资和再生产，创造更大的价值。但如果把资产按股份全分了，就起不到引领的作用了。

Q2 您们为什么一直坚持走共同富裕的道路？

坚持共同富裕从我父亲一代就开始了。有两件事情促成父亲有这样的信念。一是父亲残疾后，看了《钢铁是怎样炼成的》，触动很大，认为自己要有所价值，所以在那个几乎没人愿意回到贫穷农村的年代，父亲主动回到宝山村，要有所作为。二是父亲经历过旧社会，十几岁就在地主家当长工，是共产党解放了他，所以他对共产党、对新中国有很朴素的、原始的感激之情。

从小父亲就教导我一定要走共同富裕道路，对我影响很大。

Q3 您认为宝山村成功的原因是什么？

概括起来就是"四个好"：好的路子、好的机制、好的领头人、好的精神。

路子方面，我们大体经历了两个阶段，第一个阶段是粗放型发展，靠山吃山、靠水吃水，走"一矿二水三加工四林业"的路子；第二个阶段是转型升级，走可持续、创新发展的路子。机制方面，实行以集体经济为主的混合所有制和按劳分配为主体的多种分配方式，兼顾效率和公平，既能调动大家积极性，又能促进经济发展。领头人就是基层党组织，要有战斗力，有凝聚力，此外还不能有私心，带着情怀将个人价值与社会价值结合起来做事。好的精神就是指宝山精神。

Q4 如何解决乡村旅游发展最后一公里的问题呢？

解决最后一公里的问题，需要有内力和外力：内力就是自力更生、艰苦奋斗；外力就是政府支持，市场化扶持。具体而言，要做好党组织的基层建设工作，发挥引领作用；加大人才下基层的力度，把工作做实、落地；加大政府和市场扶持，给予外部条件保障，比如适当放宽土地上的政策。

Q5 宝山村旅游业的未来是怎样规划的？

宝山村目前主要大力发展度假和康养旅游。其中，康养项目在我们国家还算新兴的东西，特别是森林康养，提的多、做的少，真正的康养产品少且不成系统。今后我们打算用几十亩地建康养中心，请林业专家、医药专家，规划专家联合做规划设计，围绕中心区设置康养服务机构，做产品规划，我觉得这是很有意义的。

Case 6

天府红谷
——一叠瓦片开启的故事

乡 村 旅 游 创 新 案 例
——乡村旅游操盘手实录与经验分享

操 盘 人

天府红谷团队

修桥济众筑路解贫
善行乡里耕读传家

创业感言

我们不是在跟随，
我们是在创造的路上。

创意金点

文创，令乡村遗产焕发青春
有机，使乡村大地回归本质
信仰，让乡村更加平和虔诚

在天府红谷
循着自然的足迹
圆自己一场"桃源梦"

你，遗世独立，隐匿在清逸隔尘的山谷间
山林暮雨，绿茶春花
你，藏于天台后山，是都市人寻觅的山居秘境
与世无争、远离尘埃

远望时，整个天地山水似一座大院
走进后，却是那温情脉脉的缓缓小院
造纸厂是愿景馆，闪耀着文创的智慧与光华
老房子是新民宿，诉说着迁移的无奈与新生
荒芜地是农耕园，寻找着土地的本真与纯粹
红豆杉是信仰物，彰显着高何人的坚定与执着

这里，一砖一瓦一世界
这里，一茶一耕一生活
其实啊，我还想告诉你
我爱你，不光因为你的样子
还因为，和你在一起时
我的样子

案例概览

Part 1 ｜ 山居故事

Part 2 ｜ 两岸"联姻"

Part 3 ｜ 有机、文创、信仰

　　　　有机：守发展之根

　　　　文创：塑项目之魂

　　　　信仰：走文化之路

Part 4 ｜ 责任与使命

乡村旅游创新案例
——乡村旅游操盘手实录与经验分享

PART 1　山居故事

　　天府红谷，一叠瓦片开启的山居故事。

　　瓦，不仅仅是瓦，更是传统民居的象征，寄托着都市人的乡愁；

　　红，不仅诉说着曾经的红色故事，更承载着这片土地上人们生生不息的希望。

　　我们都经历过5·12，知道地震带来的伤痛不可估量。4·20芦山地震后，作为本土企业，瑞云集团第一时间赶到高何抢险，并积极参与灾后重建。

　　但灾后重建完成后，我们就在思考：如何帮助老百姓改善生活、如何培育可持续产业？

第二章 乡村旅游创新案例研究

> 资源盘查，是开启一个项目的前提条件
> 山居故事，就这样开始了。

当时成都在建设美丽乡村，刚好有个项目就是开发龙门山脉，我们就来到这边盘查当地自然与人文资源，看具体怎么做。

在盘查高何资源的时候，有一天，住在土司衙门的那户人家，给我们拿出了一叠印有"康熙"字样的瓦片，正是这叠瓦片引起了我们对传统民居的重视和保护，也开启了我们的山居故事。

土司衙门遗址　　　　　　　　　　土司衙门遗址内景

乡村旅游创新案例
——乡村旅游操盘手实录与经验分享

在对高何的地形地貌、流域、环境等自然资源和当地的历史、传统民居、红色文化、乡土文化等人文资源做了仔细的盘查和梳理后，我们形成了一个大概的框架。为了给项目定位，我们进行了反复的头脑风暴，还请了专家学者前来考察，提了很多建议，最后决定将这个项目定位为乡村高端休养度假，取名天府红谷。

瓦片虽给了天府红谷团队启示，
但如何在一个资源同质、环境一般、交通不便的地方找到创新点，
如何挖掘和展示乡土文化，让天府红谷团队感到迷茫。

其实这种项目非常难做，因为四川到处都是这样的资源。如果游客来之后，没有感受到一些新的理念、手法或举措，那这个项目就生存不下来。这个难题就摆在了我们面前，又因为我们团队都是半路出家，所以我们就在不断思考：天府红谷这个项目要怎么做？我们应该和哪些资源合作？

PART 2 两岸"联姻"

在迷茫之际，天府红谷项目团队发现台湾在文创、乡建领域积累了很多经验，两岸"联姻"由此上演……

我们是怎么找到台湾团队的呢？可以说是缘分。一天，公司负责人与一位酒厂老板到台湾考察。他们看了台湾食养山房、行家茶社后，觉得做得很不错，刚好又认识了他们的设计师，经过交流后，双方都有意愿展开合作。

台湾的乡村再造比我们走得早，有很多成功的经验；瑞云集团，有二十多年的创业经历，在商业运作方面，也有独到的见解，在资源拥有方面，也有着多年积累。所以如何把相互间的优势叠加起来，形成聚合效应，最后找到一个适合我们项目特色发展的路子，非常关键。

乡村旅游创新案例
——乡村旅游操盘手实录与经验分享

台湾经验

对历史的敬重

这里有两根柱子，会影响我们乡村影院的观看效果，但我们为什么没拆呢？其实改造时也有过争议，但设计师的一句话打动了很多人：如果你们中有人年龄比这几根柱子大，我们就把它们拆除。它们原本就在这里，我们才是后来人，我们就应该对老建筑、老材料抱着谦卑和恭敬的态度。

对场所的保护

大窖纸厂在芦山地震后受损，本来要被拆除，拆迁队和推土机都已就位了。但是台湾团队坚持不拆，他们认为这是一个大陆少见的、横向11开间的老房子，很珍贵。后来在一个政府官员的支持下，纸厂还是保留下来了，经过改造，成为了现在的幸福愿景馆。

台湾经验

对资源的物尽其用

> 这是用废弃的材料做的幸福信箱和心愿树，寄托了游客对亲人的祝福、对未来的向往。最右边是我们的保卫室，也是用废弃材料做成的。

对土地的尊重

> 台湾按照有机理念，使用自然农法，在种植过程中，不使用化肥、农药、除草剂，完全尊重自然和土地。所谓，最好的医生是自己，最好的医院是厨房。

资源常见，理念就得罕见

PART 3　有机、文创、信仰

　　天府红谷基于"有机、文创、信仰"三个要素，开发国际养生农业和国家乡村休养度假，形成差异化的市场产品。

　　通过对有机和"绿"的理念的推广，把自然农法运用到蔬果生产中，为游客提供安全、健康的食材和环境。

　　通过文创思维的运用，推出有品质、有品位、有美学特征的旅游产品，满足高端度假客群的需求。

　　通过历史文化载体的开发，把对南宋石塔、土司衙门、红色文化的信息植入旅行过程，让游客回归身心的平静。

三大园区

天府红谷 · 耕读桃源

园区由农养乐活区、森活养生区、幸福愿景区三个分区组成,是目前天府红谷项目主要业态集中展示、体验之地。

天府红谷 · 康禾农耕

康禾农耕有机农业示范区结合"大健康"产业发展需求,坚持"善"与"绿"的理念,倡导慢食文化,提供有机食材、农耕体验教育、田园农艺康疗等服务,传播自然农法,支持在地农民。

天府红谷 · 村上村宿

村上村宿民宿园区整合了周边闲置安置房,按乡村旅游度假和艺术民宿园区风格进行装修打造的住宿空间。既保留了传统川西民居建筑,重现乡土建筑原有风貌,又赋予其现代居住空间的舒适便利性,符合现代都市人的居住习惯。

有机：守发展之根

天府红谷开办了"耕读大讲堂"，向当地农民讲授垃圾分类处理和有机农业知识，提高了村民的生态、环境保护意识。

天府红谷为防止土地、农产品污染，引进台湾有机小农发展模式，采用古老而传统的自然农耕法，在开展有机农业方面进行了尝试。

有机展示一：环境保护

生态卫生间　　　　　　　　　　　　生态卫生池

在项目推进过程中，我们很注重对乡村环境的保护，所以我们建了一个生态卫生间，下面是四级化粪池和五级生态处理池。每一个生态处理池的滤层、植物都不一样，因为不同的滤层和植物对碳、磷、钾的分解不一样，最后的中水达到标准我们才排放到河里面。

对环境友好，与健康交好

有机展示二：慢食与养生

森林养生

耕读茶道

慢食养生

养生宅

取之当地、食之当季

有机展示三：自然农法

　　实际上，自然农法的生产环节特别不好做，因为涉及信任的问题。我们说我们的产品是无化肥无农药，但游客未必会相信，所以纯粹的宣传和推广是行不通的。但如果能让客人亲眼所见、亲身体验，有一定的实际感受，信任问题就好解决了。

山间吹来的风，谷中飘来的雨，皆是自然的馈赠

　　高何人与自然共生，与大地交好。大自然给予他们延续的力量，他们用最朴实的方式表达感恩。所以他们心怀善念，始终追求绿色，发展有机农业，正如他们所说："虫吃剩下的，才是我们的。"

第二章 乡村旅游创新案例研究

在带动村民致富方面,我们建了一个大棚。我们提供设施设备,建立营销渠道、标准体系,老百姓做生产环节。这样能提醒我们:不要因为利益,而忘掉我们当初做这件事的初衷。在提升农业附加值方面,尽量拓展我们的教育农业、美学农业,体验农业,这是一个很大的市场,需求很大。

利己、利他,才是长远发展之道。
不忘初心,方得始终。

农业大棚　　　　　　　　　　　本地小农创业者阿霞

农业课堂　　　　　　　　　　　体验农业

161

乡村旅游创新案例
——乡村旅游操盘手实录与经验分享

文创：塑项目之魂

文创展示一：幸福愿景馆
—— 传统建筑的保护与文创细节

原来的大窑纸厂 　　　　　　　　　现在的幸福愿景馆

废弃的木料与可爱的小丑 　　　　　如鸡蛋孵化，如种子新生

老窗框，新相框 　　　　　　　　　老晒席，新房顶

"老干新枝"：充分利用和发现老建筑和废弃物的价值，保留一些老元素，引入一些新的元素，历史沧桑感和现代的时尚感融合得恰到好处

第二章　乡村旅游创新案例研究

🎤 这是我们的乡村影院,我们请了一座菩萨,希望大家能平安顺利。同时,菩萨在这也是给我们自己的一个监督:我们到高何来发展乡村旅游,绝对不去跟老百姓争利。我们所做的要符合天道、地道和人道。

🎤 这里有23张形状不同的凳子,因为大陆和台湾工人共23个,到项目快完工时,每人用废旧材料做了一把凳子,既是废物利用,也是两岸友谊的见证。

🎤 我们把喂小鸡的竹笼倒着一挂,在里面加入油纸伞,就做成了愿景灯。什么是文创?很简单,就是乡村生活的艺术化。

163

乡村旅游创新案例
——乡村旅游操盘手实录与经验分享

根据天台山的山脊线，用老旧材料做的天府红谷·耕读桃源的模型

瓦还是那片瓦，屋顶却是包含了七层工艺的新屋顶

地震后老房子面临着被拆迁的危险，为了保留老建筑的记忆，我们把它们收集起来改造成民宿。因为我们尊重当地的文化与历史，想尽力保护和传承川西民居。但仅靠一家企业对老建筑的传承和保护是有限的，所以我们把改造老房子的技艺、手法，都公开出来，希望能有更多的人来传承、来发扬光大。仅仅对屋顶的改造就包含七层工艺：竹纤板、木纤板、胶合板、防水、隔热、承重、青瓦。

台湾团队把我们收集来的劳动工具改造成座椅，游客累了可以在这里小坐一下，顺便喝个茶。这些农具既做展览，又有实际功能。

这是我们的乡村书吧，有些人就喜欢来这看书、做活动。窗户是按照冰裂纹的理念来设计的，能看到整个天台后山的风景，满景入室。三楼有一个很大的空间，主要用于经营性空间展览，如博物展览、书法展览、绘画展览等。

文创展示二：茶室与院子
——传统民居的异地保护与再利用

元素还是那些元素，院子还是那个院子
但旧貌已换了新颜，自用已转向他用

文创展示三：手工活动
——对当地自然要素的文创展示

我们高何的一位老师，利用从山里捡的很多果子、树枝、竹节，通过艺术创作，做成了一些小的工艺品，还经常组织小朋友体验创意耕果的制作。

乡村旅游创新案例
——乡村旅游操盘手实录与经验分享

信仰：走文化之路

红色信仰

红军文化

信仰凝成一片红，追忆那段红色的峥嵘岁月

企业信仰

愿景号

信仰结为一条路，勇敢面对前进道路上的困难与挑战

民间信仰

信仰化成一股力量，心怀善念，不忘初心

168

PART 4　责任与使命

手心翻转计划

对外，天府红谷项目与国际扶轮社组织签约"手心翻转·爱心农场"计划、组织国际健康关怀活动、与中国狮子联会共同组织关怀听障儿童等活动。

高何因偏远落后、交通闭塞，近亲结婚的人比较多，所以很多人智力发展有问题。经过调查，我们发现邛崃的在校聋哑学生有476人。

这些聋哑孩子在学校对老师、在家里对父母都是手心向上，接受别人的帮助。所以我们就想推动一个项目，叫手心翻转计划，我们希望他们能手心向下，通过自己的劳动、创作，能够自己养活自己，可能的话还能去帮助他人。

这是一组以农耕为主题，展示川西田园生活的泥塑作品，都是这些聋哑孩子在老师的指导下完成的。我们把他们的作品放在这个地方，作为一个义卖场，义卖所得的钱，我们全部反馈给他们学校。

手心向上，是接受赠与和帮助；
翻转手心，手心向下，自己帮助自己，活出生命的尊严与价值

乡村旅游创新案例
——乡村旅游操盘手实录与经验分享

在做爱心义卖的同时，我们还按照有机的理念给这些聋哑孩子建了一个爱心农场。有些农场有化肥和农药，这些孩子不知道农药有害身体，有些误食之后还会有生命危险，在爱心农场的话，就可以很放心，泥土都可以随意去玩。

我们整合了一个国际扶轮社。我们提供场地，他们募集资金来修建爱心农场，然后把农场捐献给邛崃的博爱学校。学校负责经营管理，我们负责产品的推广和销售。这些聋哑孩子参加农耕体验，不仅能学到技术，还能通过产品本身得到产出，这样就能帮助他们更好地融入社会。

我们是想实实在在地为社会做一些事情，但一家企业的力量是远远不够的，所以我们还引入了3+2读书荟，我们也希望更多的公益组织能够参与进来。

公益，有着翻转乾坤的力量！

带动村民发展

对内，天府红谷教育、培训当地老百姓，结合产业带动当地老百姓脱贫致富，实现外来企业和当地村民的共同增收。

企业进入乡村不是掠夺、侵占，而应带动老百姓发展。我们有两种做法：

一是改变他们的认知、理念。我们请到外面的专业老师、企业领导、相关学者来讲课，告诉老百姓，他们有什么资源？该怎么有效开发？

另一个就是让他们参与到我们的工作中：在项目建设过程中，吸引大量当地的劳动力前来务工；在已运行的项目中，优先录用当地困难户来做保洁、保安；引导思想观念领先的农户，参与到有机农业发展中，与公司一起创业；引导农民建立专业合作社，开展土山药、灵芝等特色农产品种植和售卖，组织就近劳务输出。对于我们的管理层来说，其实应该尽可能地吸纳一些当地的老百姓，安心可靠，简单踏实。

经验总结

1 文创细节决定项目的品位

天府红谷项目最大的特色在于乡村文创细节的设计和呈现，将小而美的东西做到了极致。在天府红谷，大到愿景馆的构思，小到房间壁灯的设计，处处体现着"走心"的文创艺术，低调、内敛却又不失惊艳。文创，让普通的产品更美，更精致，更有韵味，提升了天府红谷整个项目的品位。

2 准确定位，创新驱动；资源有限，创意无限

天府红谷项目所在地区位条件差，资源同质，环境一般，可以说毫无特色，但天府红谷团队另辟蹊径，引入文创和自然农法，开发国际养生农业和国际高端乡村休养度假两大核心产业，形成了差异化的市场产品，满足高端度假客群的需求。特别是文创思维的运用，不仅深入挖掘和展示了乡土文化，唤醒了沉睡的乡土资源，更实现了乡土资源和文化的增值，带动了区域的发展。

Q&A 交流问答

Q1 天府红谷发展的路径是怎样的呢？

我们项目的两大核心产业是养生农业、养生度假，并且融入文创的手法，延伸出了农耕体验教育、养老度假、民宿文化、休闲农业、健康养生、山地户外运动等，更重要的是延伸出了很多跨界的价值平台。我们希望有更多的专业团队、有相同价值理念的人加入，我们共同在这个价值平台来发挥作用。这就是我们整个项目从抗震救灾，灾后重建，到过渡安置，以及到现在的项目带动的路径。

Q2 天府红谷实际的运营效果怎么样？达到预期效果了吗？

有些方面是超过我们的预期，有些方面还不足。因为我们这个项目最开始的功

能是不完善的，最开始只是想起到宣传、营销、介绍的作用，所以只设计了愿景馆。后来我们觉得不能只是宣传，没有具体的东西，客人感受不到、体验不到，所以才有我们的茶道空间、厨房餐厅，以及住宿空间等配套。我们的成本很高，比如我们的住宿是五个人的，但是餐我可以配备100个人的，我们以100个人的量来组建的我们团队。我们组建团队的成本占到了总成本的70%。而这些项目，住宿是赚钱的，而餐饮不赚钱的。

Q3 天府红谷未来的愿景是什么？

我们天府红谷项目主要分为四个阶段来打造，计划10年开发建成。包括现在的耕读桃源休养度假区、康禾农耕有机农业园区，以及未来的村上村宿民宿文化创意园区、莲花溪休养度假区、八角溪禅境休养度假区、苗溪户外运动康养健身区等。

所以未来这整个天台后山高何就会形成一个国内一流、国际水准，最具天府原乡气质的高端乡村休养度假区，这是未来天府红谷所呈现的一个梦想。

Case 7
浮云牧场

心若浮云　何必远方

第二章 乡村旅游创新案例研究

浮云牧场，献给依然相信梦想的你……

操盘人

"冒险五人组"

创业感言

一切皆浮云

创意金点

市场深层次需求的洞悉
情怀与商业的共生共赢

川西高原
一个远离都市、当地人都鲜有居住的地方
在海拔 **2700** 米的高半山
一座都市人心灵神往的度假民宿横空出世

她藏在云巅，却惊艳了世人的时光
短短一年时间，小小的民宿
朋友圈传播量 **1500** 万！

其实，这是 **5** 个汉子的一场华丽冒险
是一场情怀与商业的博弈
更是一个民宿的"网红"之路

这也是一场云带来的缘分
一见钟情，一意孤行

原点？
终点？
还是新的起点？
一切皆浮云！

175

案例概览

Part 1 | 刷爆朋友圈

Part 2 | 情怀与商业的博弈
    选址：商业优先，情怀断后
    说干就干！
    蛋糕那么大，一块儿就够了！
    山野美宿里的情怀与商业
    商业化运作：推广、运营与服务

Part 3 | 一片浮云，带动一片区域
    发现市场产品的空白点
    浮云牧场的扶贫路
    浮云的品牌延伸

PART 1　刷爆朋友圈

这是云的牧场

一眼，缓了脚步，醉了心头；回眸，留下满心的震撼与流连
在这里，请把烦恼丢进山谷，恣意地放空发呆……

　　仅仅一年时间，我们浮云牧场全网的传播量就达1500万。微博是我在维护，有一天我什么都没发，阅读量竟然达到3500，我都不知道为什么。我们微信可以预订客房，我每个月都会监测一次浏览情况。每个月大概45万的浏览量，一天1500。我记得特别清楚，今年7月1日，我们二期正式开放，我在6月30日发了一篇推文，那一天我们的订单量居然达到了120单，我自己都觉得不可思议。

乡村旅游创新案例
——乡村旅游操盘手实录与经验分享

浮云牧场：美了一座山，刷爆了你的朋友圈

PART 2 情怀与商业的"博弈"

这是一个商业至上的时代
这也是一个流行说情怀的时代
在浮云牧场,情怀遇上了商业
这场商业与情怀的博弈,究竟谁输谁赢?

选址:商业优先,情怀断后

一、先选个心动的地方——连绵不绝的云海 + 冬日的阳光

> 当时在理县我们也考察了十多个点,都没有一个让我心动的。因为做规划十多年,走过很多地方,看了成百上千个村子,就是没有感觉。直到 2015 年 6 月 19 日,我们到了西山村高半山,瞬间被惊艳到:当时山上有野花,花后面是一片云彩,到了最上面的时候,云就往我们身上飘,我们觉得这儿很美、很原始,很有意思。

乡村旅游创新案例
——乡村旅游操盘手实录与经验分享

心动才会行动
旅游，玩儿的就是心动！

净

静　　　境

集天地之大美，是浮躁社会的一杯"净"土

二、理性判断市场——挑战传统意义上的不可能

　　心动的地方，往往也是不可能的地方。浮云牧场，远离都市，投资高，风险大。如何才能打破不可能，化劣势为优势呢？

1. 台湾之行，看到了浮云牧场的潜力！

> 　　浮云牧场虽然很有意思，但山上连当地人都不怎么居住，所以我们也不知道该在这儿做什么，这件事也就暂时放下了。
> 　　一天，我和一个合伙人去台湾考察时，清境农场引起了我的注意。从来没想到弯弯曲曲的坡地居然也可以做农场。顿时我就觉得，或许浮云牧场也能做起来。

清境农场　　　　　　　　　　　　　　　浮云牧场

> 　　当天我就在朋友圈做了一个调研：我发了两张照片，一张是我们要选定的地方（现在的浮云牧场所在地），一张是清境农场。我让大家投票喜欢哪个地方。没想到一大半朋友都选了"浮云牧场"。因为大家觉得浮云牧场很原始，很舒服。
> 　　做了多年的旅游规划之后，我就敏锐地感觉到一点，消费群体开始出现了。现代都市人都想远离城市，到一些原始的、冷门的、不知名的地方去，去体验从没去过的地方。浮云牧场背靠成渝两大消费市场，前景广阔。

2. 征询同行建议

如果一件事情所有人都反对，
这件事，要么一定不能成，要么一定能成！

从 11 月份开始，我们每个星期都吆喝身边各种朋友上山，做规划、建筑、传媒、户外、亲子活动等的都有。我们自己扎帐篷、煮火锅、吃烧烤、喝酒聊天，就是想听听他们的感受和建议。聊了几次，所有人给我的反馈都是：这地方可以做露营，但不可能做酒店！

最后我们团队 5 人商量了一下：既然大家都说不可能，那如果我们把这个不可能变成可能，市场就会存在，这是一种反转的思维。所以我们孤注一掷，直接开始做这个事情。

说干就干！

2015 年冬，浮云牧场还只是一片草地，冒雪开工，
连续 150 天不间断作业。
只为，在海拔 2700 的高半山，一个人迹罕至的地方，
一个被认为不可能的地方，寻找一个答案。

第二章 乡村旅游创新案例研究

义无反顾的倔强背后，是那份对美好事物的渴望
2016年8月，在海拔2700米的高半山，浮云度假酒店横空出世！

为了控制成本，我们只修了12个帐篷，然后每个股东出20万元，修了六套房子。如果没有生意，六套房子就留给自己养老，我们都做好了心理准备。开始我们以为最多投入三四百万元，但是太多地方要花钱了，水、电、排污、技术工程、停车场、道路、管网费等，结果第一期投入了880万元左右，真的没想到会投入这么多资金。

现在我们民宿界有一句话，很多想做民宿的人问台上分享的嘉宾，我们那里经济条件不好，交通又不好，怎么做民宿。台上嘉宾就会说，你们有没有浮云牧场恼火嘛，有没有浮云牧场那么艰难嘛。现在想想，当初真的算是一场冒险。

蛋糕那么大，一块儿就够了！

一、提炼核心价值，做好产品定位

1. 浮云牧场，一个牧云的地方

> 我们根据"浮云牧场"这个名字，提出了两个新的概念：
>
> 一是浮云牧场，不牧牛羊，只牧浮云和姑娘。这是转变心境，变普通的观光游到度假消费。
>
> 二是更为深层次的概念：心若浮云，何必远方。心若飘忽的浮云，又何必去向远方，更重要的就是寻找自我。所以我们就提供新鲜的目的地，做短期度假，让游客在这里寻找到自我。

2. 个性十足、设计感强的非标民宿

二、做好细分市场，努力成为万分之一

成为某个第一，才能做得更好。
浮云牧场，只做小众旅游市场，
填补了高半山高端度假民宿产品的空白

我们90%的客源都是成渝两地的，因为太远，做外来的生意不太可能。我们的定位也就是成渝两地，也并没有定在50后、60后、70后，我们还是想做80后、90后、00后，他们稍微有些话题性，有些共同点。

无论做什么，一定要找到属于自己万分之一的市场，围绕核心价值设计产品，千万不能贪大求全。你要相信，这个世界永远不缺消费者，缺的是消费产品。

乡村旅游创新案例
——乡村旅游操盘手实录与经验分享

山野美宿里的情怀与商业

一、脱颖而出的创意——山野里最与众不同的时尚

恒温无边际泳池：在天空里遨游，共醉浮云

> 有人问我们为什么不修些羌族建筑呢？我们觉得为什么在羌族地区就一定要做羌族的东西呢？这一片本就全是羌族建筑，如果我们完全也做羌族的东西，如何脱颖而出？我们要做就做时尚、创意的东西。无论项目大小，创意是第一要素，做不好消费者不会买单，有了创意，才可能去改变很多，比如业态，未来的走向，存在方式等。

第二章 乡村旅游创新案例研究

云台吧：只愿这一刻，时光永固

帐篷房：驴友的天堂

时尚的，就是商业的！

187

二、独具匠心的设计——惊艳了云海和羌调

云海西餐厅：百年残垣断壁里的文艺与精致

客房门厅：羌族元素的运用

注重对当地元素的提取和创新，以匠心的态度，
设计出既与众不同，
又能满足度假游客深层次体验和个性化需求的产品

极致云景房：云上的诗意栖居

儿童牧场：你的笑容，是我最晴朗的天空

设计，情怀为上，注重商业控制！

三、仪式感——山野里的神圣与浪漫

巧用故事、情怀和场景,商业才能直抵人心!

商业化运作：推广、运营与服务

一、推广——用情怀引起顾客共鸣

1. 找准渠道，主动出击

> 开始真的没有想太多，建的时候就只管建，因为做规划做多了，先只管落地，那时候没有商业头脑，想的是做个情怀的东西。开业之后我开始睡不着了，因为没生意啊。这个时候才开始想，糟了，还是要去想商业的事情啊。
>
> 那段时间我就去寻找一些可能的媒体渠道，做推广、对接。通过朋友介绍，找了个不错的媒体，一篇文章迅速打开了市场，后来热度也就慢慢起来了。
>
> 现在我们的营销平台是新媒体，朋友圈。微信是朋友与朋友之间的关系，推荐的可靠性强、成功率更高，我们95%的订单来自微信公众号和朋友圈。如果你去大的平台推广，效果就不太明显。我们自己做过三次推广，其余的推广都是因为别人需要亮点的内容，主动找到我们。在这个过程中，你会发现，事情在发生变化……

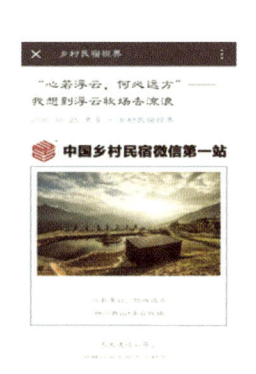

口碑相传，小小的朋友圈亦能闪耀大大的光彩

2. 设计拍照点，让顾客主动宣传

我们的无边际泳池前后差不多花了100万元，但我们为什么还是坚持把这个东西做出来呢。一是在川西高海拔地区做一个泳池，本身就是一大亮点；二是无边际泳池本身就是一个很好的拍照点，客人来了，发个朋友圈其实就是在为我们宣传。我们算了一下，我们的泳池虽然投资成本高，但未来五年每年至少可以少花20万元的营销费用。

二、运营——遵循商业逻辑，回归人性化服务

1. 从朋友到同事

志同道合，才能一拍即合！

　　我们团队有 5 个人：其中三位常年合作，有专业背景和从业经验，两位当地人负责对接当地老百姓和政府。当初大家聚在一起很简单，都需要从情怀到商业的改变，所以一拍即合。

　　在我们团队建立之初，你会发现大家是在往一个方向努力。我们在股东群里把事情安排下去，第二天大家都会抢着把事情做完。现在慢慢回到正轨，步入正轨之后才会长久嘛。以前就是朋友关系，一心埋头干，真没想过不成功怎么办，修了再说。一旦踏入正轨之后，大家的关系就划分得很清楚了，你该做什么，我该做什么？到最后进入企业化操作，公司化运作。

2. 山野里的"人文关怀"

醉在荒野，极致野奢

3. 紧盯投资回报

> 浮云牧场的盈利点主要还是住宿，占70%左右。我们的独栋客房入住率基本上在99.7%左右，帐篷房70%左右。
>
> 餐不盈利，厨房有4个人，后厨有2个人，餐厅有5个人，一共11个人，加上在荒郊野外，所有的费用都很高，能保本就不错了。去年我们算了一下，餐纯利只有5%。
>
> 现在我们收入稍微好点的就是婚礼，90后特别是95后，他们需要寻找到一些不一样的东西，需要一些标新立异的东西吸引他们。

2016年，从中秋节开始，浮云牧场就一直满房，我们还闹过乌龙。那时候是几个员工接预订电话，就爆了12间房，结果客人全上来了。那天我和很多客人都在餐厅打地铺，大家都觉得很好玩。

有上海的客人住三晚上，结果前两天都下雨，他们觉得有点遗憾，但依然很放松，因为他们觉得这里很艰苦，反而能理解我们了。第三天早上，天突然亮了，太阳一下子就出来了，大家争先拍照。他们说，就为这一刻，来这儿一趟，值了！

成都大使馆的老外们也经常来这儿，他们上午骑着摩托车，轰轰地就上来了，喝瓶啤酒，吃个沙拉，喝个下午茶，坐一下午，又骑着车回成都了。

4. 管理与服务的提升

> 我们做了云海餐厅、云台吧，可以吃西餐、咖啡，但是文化氛围还差一些，这跟我们自身的经营管理情况有关系。这里的下午茶不能和城区里面星级酒店的咖啡厅比，因为荒郊野外，条件要差一些，所以这也是个比较尴尬的地方，也是值得我们改进的地方。
>
> 所以，我去了台湾学习，学习如何做得更地道一些、服务更人性化一些。台湾有很多值得被推崇的，他们可以把小而美的东西做到极致。这种小而美的东西也是大陆操盘手做项目需要认真去落实的地方，而不是一味地贪大求全。台湾历史不算长，但台湾很多东西，在传播过程中，打动人的点很小，但能一下子就把你击中，这也是我们需要学习的。

情怀与商业，本就不是对立面
情怀的极致，不仅为商业；商业的极致，幻化成情怀！

乡村旅游创新案例
——乡村旅游操盘手实录与经验分享

PART 3 一片浮云，带动一片区域

如果说裸心谷的成功，在于发现了都市人"裸心"的深层次需求；

那么，浮云牧场的走红，则让人们心中的"浮云梦"变得触手可及，也让更多的人看到了创新带来的无限可能……

对我们来说，浮云牧场真正意义，可能真是一个试点，所有东西都是偶然之中的必然。前段时间我们股东聚在一起，回忆浮云牧场为什么火了，所有人都说不出个所以然。

我唯一的感受就是，我们在不可能的地方做了件不可能的事，真的是偶然中的必然，必然中的偶然。我们偶然遇到了这个地方，做了一个必然的事：消费者到了一个需要消费的阶段，你需要为他提供消费场景。这种市场需求是必然的，但是成功是偶然的。

发现市场产品的空白点

浮云牧场的横空出世,不仅打破了民宿应布局在都市圈两小时车程内的铁律,更是发现了市场产品的空白点,填补了高海拔地区高端度假民宿产品的空白,带动了高半山旅游发展。

浮云牧场,山野美宿里的"裸心"之旅。

浮云牧场的扶贫路

其实我们一直在理县高半山寻找一个答案:高半山能不能做产业、能不能做扶贫?我们建成之后也得到了当地政府的认可,其中一位领导还说过:高半山扶贫之路在浮云牧场。

我们与农户签订协议,以高于市场的价格,收购当地产品,帮助西山贫困农户增收。我们出售的车厘子、李子的价格比市场价格高20%,在网上很好销售。但土豆到今天都没找到一个顺畅的渠道。之前我们卖了十几万斤土豆,都是我们自己去寻找平台,基本上一分钱的盈利都没有。但我想的是先打开渠道,因为我们今年没有时间去思考,如何把这些农产品做出创意,所以我前段时间就去了台湾,和做文创的朋友或机构对接、学习,希望浮云牧场今后能够在创意农产品上有更多的发挥空间。

浮云牧场，开创了高半山旅游扶贫新模式

浮云的品牌延伸

我们下一步有两个打算：

第一个是我们会在国道317、国道318布点；

第二个是会在成都周边寻找一种可能，整合成都的生活方式。荒郊野外确实太艰苦了，消费也不会持续，最后还是会回到配套设施比较成熟的地方，这样对消费者、创业者来说，成本会低很多，消费频率才会高。

消费者都比较喜新厌旧，所以我们要么自身迭代发展，要么布局寻找新的资源点，形成差异化发展。让浮云多元化很重要，所以我们最近可能会做些清真民宿，禅茶的东西，慢慢丰富产品，让每个消费群体对浮云都有所选择。

经验总结

1 情怀与商业可以得兼

如果没有团队 5 人的情怀，没有那份源自内心的渴望，就没有浮云牧场的横空出世；如果没有商业考量，没有推广，没有产品的打造与服务，浮云牧场也只会如昙花一现。

因为情怀，才会热爱，才有开始的勇气与坚持；因为商业，情怀才能落地生根，才能呈现，也才得以持续。所以说浮云牧场，活于情怀，更活于商业，不仅使市场得以反转，化不可能为可能；不仅创造了商业机会，带动了当地的发展，更为重要的是，让更多的人看到了创新带来的无限可能。

2 做一个有自己独特 IP 的民宿

民宿产品如何脱颖而出，必须要做一个自己独立的 IP，要有自己的风格、特色与气质。IP 一定要有自己极具特色原创性的东西，要对消费者进行精准定位，更要有自己的爆点。IP 不仅是一种标识、一种现象，更是一种消费、一种生活。成功的 IP 能做到让顾客为了一顿餐、一个酒店不远万里而奔赴一座城。浮云牧场，借助创新思维，颠覆传统，短短一年时间，成功引爆市场，成为朋友圈里的"新晋网红"，不仅推出了自己，更成为一个成功的乡村旅游 IP 打造范例。

Q&A 交流问答

Q1 如何做一个乡村旅游 IP？

第一步：价值 + 定位，要围绕项目的核心价值做好产品定位。

第二步：消费 + 市场，要找准自己的细分市场，通过设计、营造等手段，引导消费者。

第三步：服务 + 营销，自媒体时代，一切皆营销，用暴风骤雨的方式，迅速进入人们的头脑。

第四步：收入＋成本，千万不要为自己的情怀买单，商业的，永远用商业考量。对表面成本、隐形成本、主打收入和潜在收入一定要有清醒的认识。

第五步：迭代＋竞争，迭代是最好的竞争对手。需要围绕主打产品，慢慢细分小品类，分化小市场。

Q2 您在经营中最大的体会是什么？

我最大的体会就是，沉下心来，想清楚自己到底想要一个什么，用心去做。我相信缘分，我也相信命运。有些东西是，你努力了不一定能得到，但是你不努力，不够用心，肯定得不到。

Q3 浮云牧场的经营有没有季节影响？

没有季节影响，冬天稍微差一点点，但是都有地暖和电热毯，只是没有空调。淡旺季也不明显，我们全年的入住率85%左右，常常是退房容易订房难。

Q4 您如何看待浮云牧场的成功？

可以说是5∶5的偶然性和必然性。必然性是大家已经看到了一个趋势，就觉得这个事情是可以发生的，但在哪儿发生？消费点如何引导？如何呈现就变得很偶然。别人为什么要来？那你要遵循消费者的习惯、行为、节点，需要去换位思考。

Q5 对于刚刚起步的创业人士，您有没有什么好的建议？

我觉得最重要的是要调整心态，心态很重要。一个事情，是好还是坏，成功还是失败，都不重要，重要的是有一个经历，更重要的是要想清楚自己真正想要的生活方式。前半生所有的积淀，一定是为了后半生有一个惬意的生活。当有了生活底气之后，就一定要活出生活的厚度来。底气是什么？也许你有钱，也许你没钱，但是只要你做好心理准备之后，你就能活出厚度来。

Case 8

锦府驿

玩味大户人家的慢生活

《三生三世·锦府驿》

导　　演：郭忠

友情出演：谢员外

主要演员：你、我、他

【旁白】本剧讲述了老宅和主人的故事。历经百年，老宅早已不是那座谢家大院，主人也早已不是那个谢员外。但相信穿越的力量吧，三生三世后，今天的锦府驿，处处上演着曾经的故事。

第一幕　前世·民国时期的谢家大院

【人物】谢员外及其家人

【场景】老宅堂屋，儿女们请安。谢员外吩咐管家接待贵客的事宜。

【旁白】这是一个百年老宅，是民国时期，谢员外的私家大院。大户人家的日常生活，在这里上演。因历史发展原因，早年的谢家大院已不复存在。眼前的老宅是根据镇上老人的描述，依照原有格局重新复建而成的。

古镇老宅

第二幕　转变·没落凋敝的乡村酒家

【人物】　唯一的服务员

【场景】　淅淅沥沥的小雨，敲打在院子里厚厚的青苔上。发霉的墙壁散发出阵阵腐味。

【旁白】　随着新场古镇的旅游开发，复建后的谢家大院被私人老板买下，改造成了乡村酒店，住宿的客人很少，以餐饮经营为主。生意火了一段时间后，开始走下坡路，濒临倒闭。

残垣断壁，静待巨变

第三幕　重生·文青范儿浓的精品民宿

【人物】　郭忠与客人

【场景】　华灯初上，锦府驿响起了动情的民谣。

【旁白】　郭忠接手锦府驿，将其打造成了有灵魂的、可供体验的老宅主题文化民宿，还原了民国时期大户人家的生活状态和生活场景，凸显了古镇民俗、建筑、美食文化的魅力。谢家大院曾经的故事继续上演……

在这里，将生活还给本来，开始一段悠然浪漫的时光

操盘人

郭忠
锦府驿创始人

长期从事建筑行业,生意做得风生水起。2014年,机缘巧合下,接手了锦府驿,在迷茫与选择中,毅然转向民宿经营,开启了小桥流水的文艺生活。

创业感言

打开自己　拥抱未知

创意金点

文化,生命之源
文创,生存之道
文艺,生活之态

案例概览

Part 1 | **曾经风光无限的郭老板**
8个月，500万

Part 2 | **经济新常态，锦府驿的艰难抉择**
迷茫中的郭老板
与民宿结缘
把锦府驿打造成一家有灵魂的民宿

Part 3 | **文创，让锦府驿重焕新生**
重现尘封的历史印记
呈现悠然的锦府驿画卷
文创，激活锦府驿内生的活力

Part 4 | **锦府驿，文青范儿浓**
乐队，点亮夜空中最亮的星
国学朗诵——诵读经典、传承美德
乡村瑜伽，引领心灵与精神的和谐

乡村旅游创新案例
——乡村旅游操盘手实录与经验分享

PART 1　曾经风光无限的郭老板

"先挣它一个亿！"——王健林

从事建筑行业的郭忠，也有过这样的憧憬。2014年底，他接手了生意惨淡的锦府驿客栈，打算按照房地产的模式重新开发。

8个月，500万

2014年，我打算在安仁县建个农庄，最终因风险性太大，方案被否。正巧，原锦府驿的老板因经营惨淡急于脱手。我见它临近新场古镇的主街，地理位置很好，当即就花1200万元买了下来，打算做房地产，临街一面修11间铺面，临河一面修建3套别墅。

当时街铺的价格已经很高了，而且乡镇上做房地产，客户1间、2间的买，周转资金很快就够了，我大额的成本就只是前期买地投入。初步预算，8个月可以赚500万元。我很快就做好了建设方案，等相关部门审批后马上开盘修。

20余年的从业经验，郭总自信满满

当我们习惯了用自己的专长和经验去改造事物时，从不会怀疑这样做的合理性。就算波谷来临，也毫无察觉。

PART 2 经济新常态，锦府驿的艰难抉择

新常态，新挑战，
房子预售遭受重创，老郭一片迷茫，无所适从，
锦府驿面临艰难抉择。

迷茫中的郭老板

谁料，2015年的房地产业不景气，建筑行业低迷。开盘后只接到两个人来报名，我心里开始发慌。

把地转手卖了吧？心有不甘！
——经历了一番折腾，就这样把这块宝地让出去？

等市场好转，再修房子卖？不可行！
——房子不能空闲着，买地的资金利息得赚回来。

维持现状继续经营？实属被迫！
——我刚接收锦府驿时，每天80元包吃住，生意很差。迫于无奈，我花了几十万元，翻修发霉的墙壁，更换部分设施设备，继续经营。然而，酒店的生意并没有太多起色，客人零零星星，经营步履维艰，随时可以关门歇业。

老郭迷茫的背影

一个一直从事建筑的人，转向做起了酒店，这无疑和当初的投资想法大相径庭。面对这般经营状况，

锦府驿，何去何从？

乡村旅游创新案例
——乡村旅游操盘手实录与经验分享

> 命里有时终须有，
> 一次偶然的赴台考察学习，如同黑暗中的一盏明灯，
> 照亮了锦府驿重生的光芒。

与民宿结缘

2015年5月，四川省旅发委组织乡村旅游带头人去台湾考察学习。我原本抱着玩的心态，但考察时，每一家农场、农庄、客栈的老板都会很正式地介绍他们的经营理念、发展历程。接触了台湾的人和事之后，对我的触动非常大。但我当时还是持怀疑态度，觉得台湾人很会讲故事。

回来之后，生意也不好，我经常一个人在锦府驿门前的河边喝茶。很奇怪，我总会情不自禁地想起考察期间的所见所闻。看到这里的某些人和事就想起台湾。

潺潺的二堰河，陪老郭静静地思考

> 无心插柳柳成荫。"玩一玩"，激活了商人感性的一面。
> 让老郭念念不忘的情愫到底是什么？

210

台湾很重视人与人关系的营造，文化和游戏做得很好

我想起在台湾参观向日葵农庄的某个片段，至今依然觉得很有意思。农庄面积很小，宣传口号是"你见过会笑的向日葵吗"？我一开始还是很好奇，当见到被人为抠去葵花籽后漏出的笑脸，我哭笑不得，太会忽悠了！

后来，农庄的主人，40岁左右的一对夫妻，热情地接待了我们，尽管客人很多，但仍耐心给我们介绍农庄，讲述创业历程，谈文化创意，认真回答各种问题，这些都给我留下了很好的印象，我也被这对夫妻的真挚和优质服务所动容。

参观完，离开农庄大约1公里之后，导游问我们觉得台湾人民怎么样，我回答："很热情呀！"

"对，请各位回头看，两位主人此刻仍在农庄门口挥手送别大家呢！"

台湾向日葵农庄

台湾的乡村旅游，十分注重文化的注入和创意设计。普通的资源，经文化创意，彰显出地域特色、传统之美、时尚之感，让人回味。台湾民宿之所以打动人，让人想起，甚至留恋，是因为经营模式、设计理念、服务细节、文创产品等，都处处走心！

乡村旅游创新案例
——乡村旅游操盘手实录与经验分享

> 成功的民宿，一定是有故事、有情感的。
> 除了念念不忘的人，还有念念不忘的各种体验。

在台湾，我入住了一家民宿。它的精致、精巧、温馨，给我留下了很深刻的印象。我当时脑海里就冒出一个想法：

锦府驿可以不可以按照这个模式去操作呢？

台湾主题民宿

锦府驿的院子

置身于台湾精致的院落里，身在他乡，老郭越发想念自家的锦府驿。台湾之行，结下了老郭与民宿的缘分，他爱上了这种生活的调调。迷茫的老郭找到了发展的目标——做民宿。

再次半路出家，老郭较为谨慎。
但理性分析中不自觉地夹杂着个人情感。
是利益为上，还是情怀为先？

把锦府驿打造成一家有灵魂的民宿

决定做民宿后，谁来经营？我非常纠结，自己毕竟不是做这行的。如果承包出去，坐收佣金，虽然是一个稳赚的策略，但如果管理不统一，风格不搭调，难免会失去灵魂，民宿不像民宿。

因此，我决定跟着自己的内心走，自己经营。加之国家也倡导发展乡村旅游，市场空间很大，这又进一步坚定了我的想法。我决心把锦府驿打造成一家有灵魂的民宿，做成新场古镇的一个标杆。

于是，我再次去台湾考察学习，一是深入走访了几家民宿，学习别人的经验；二来也再次验证锦府驿能不能像台湾那样做民宿。

有了灵魂的百年老宅，注定不同凡响

思路决定出路，格局决定结局。
观念的改变并未改变事物本身，改变的只是对事物的认识，
但观念可以改变人，人可以改变现实。

再次考察回来后，我一直在思考怎样打造出锦府驿的灵魂？对比台湾，我们的资源和条件完全不弱于他们，关键是怎样利用并保护好本地的文化。

为了重新定位，我多方咨询旅游、文化、建筑、景观各类专家和朋友，他们都提出了许多建设性意见。大家认为可以根据新场古镇的历史底蕴和发展现状，找一个切入点，让锦府驿展现新场的某种文化。

在氛围营造和建筑设计方面，我又拜访了成都锦里之母和一些设计专家。

最后请来四川知名设计师为锦府驿量身设计。

古镇与老宅

锦府驿的重塑，也是郭忠的自我蜕变

台湾的经历真的是改变了我的人生，我甚至觉得我的前半生都浪费了！

我现在很喜欢民宿那种精致、温馨的感觉，也在不断提高自我素养。我认为这是人性应当崇尚的安逸生活。重新对自己人生定位，我天生适合做民宿，以前做建筑是错误的，我甚至觉得我的前半生是浪费了！

民宿经营体现了主人的情怀
只有提升自己的修养，才能做出有品位的民宿

PART 3　文创，让锦府驿重焕新生

蜕变后的老郭，回归到生活的本真。

他用"文创"的手法，巧妙地嫁接起了他的前半生与后半生事业，也带来了锦府驿的今生巨变。

重现尘封的历史印记

文化是一个广泛的概念，它的展示方式多种多样。我开始研究新场古镇的老宅建筑，走访当地老人，倾听他们记忆中谢家大院的样子。也看了很多资料，了解新场历史文化，比如茶马古道、老街、护院镖师、石秤、70年代的洗衣板等，我想把这些元素恢复起来。

石秤

洗衣板

茶马古道

镖局

文化符号，犹如凝结在时光里的琥珀

重现历史印记，锦府驿注定有历史、有故事

乡村旅游创新案例
——乡村旅游操盘手实录与经验分享

乡村客栈、酒店、民宿，因千篇一律，毫无趣味而言。
锦府驿，如何成为一家有特色的民宿？
如何体现品质又贴切市场？如何玩味情怀又能持续造血？

呈现悠然的锦府驿画卷

　　重建后的谢家大院虽无当年的宏大和繁华，但基本还原了当时的建筑格局，更重要的是它把一段时期的生活状态与环境，较真实地还原和展示出来了。这为锦府驿的经营定位提供了一个非常好的基础。

　　我们根据锦府驿的建筑和环境基础，拟定了一套与锦府驿相贴切的文化展示方式——老宅文化体验。我想展现民国时期大户人家的生活场景和生活状态，供游客体验。

　　经过进一步思考，我塑造了"周扒皮"这一主人公，他相当于现在的有钱人。我就围绕他来设计大户人家的生活故事。

在最后的川西坝子里，体验锦府驿式慢生活

锦府驿的策划思路

发展目标： 川西精品主题文化民宿

发展思路： 回味历史、展示文化、提升品质、用活资源

经营定位： 展示场镇民俗、体验大户人家、品味乡野美食

主题定位： 可供体验的老宅主题文化民宿

客源市场： 有乡愁的，较高消费水平的，40岁左右的中年人及其家庭

① 主打家的概念，设计装修贯穿主人想法。
② 小规模经营，走小资精致和个性化路线。
③ 结合地方特色，突出主题特色。
④ 重点品味生活，奉行小而美的经济哲学。
⑤ 提供日常生活以外的休闲活动体验。
⑥ 价格多元化
⑦ 内涵+文化+品牌。
⑧ 品德、品质、品牌三品结合。

清晰的思路是决策的重要前提，准确的定位是良性发展的保障

文创，激活锦府驿内生的活力

2015年年底，我关门歇业，来了个大改造，共花了半年的时间翻修、装饰。大到房间设计，小到家居饰品的选择，每一处细节我都亲自过问。从房间到茶座全都进行了重新的设计改良，我希望每一个来过锦府驿的客人都能爱上这里。

从主题客房、大户人家的餐，到手工茶、佳酿酒，郭忠将在台湾学到的文创思维活用到锦府驿的产品设计中，文艺范儿十足。

主题客房

有温度的家

他们的故事，也是我们的故事

"周扒皮"夫妇的套房

套房由三间屋改造而成，打造出民国时期一个乡绅的生活状态，客人可以体验。

套房效果图

中式风格的套房尽显主人的奢华与稳重

主题客房的设计是围绕家人来构思的，这是我的特色。"安仁有个刘文彩，锦府驿有个周扒皮"，他养了四个孩子，每个孩子承担的家庭责任不一样，所以他们的兴趣爱好、求学经历就不同，房间的装饰风格体现了主人的气质，自然各有特色。

锦府驿的打造是由文化的注入和生活体验相结合而形成的，是对传统文化的一种再现。

大儿子房间

男性主题房效果图

大儿子守家,风格设计上采用了稳重的中式风格。

因为要算账,屋里摆放了算盘桌、文房四宝,客人可以当茶桌。

小儿子房间

男性主题房效果图

小儿子留洋,接受西方教育,思想前卫,所以设计成现代风格。

屋里摆放了西洋镜,客人可以照相玩。

大小姐房间

大小姐养在深闺，受中国传统文化的熏陶，温柔孝顺，中式风格体现了她的性情。屋里摆放了梳妆台，刺绣等女工，供客人略施粉黛，修身养性。

二小姐房间

二小姐性格活波，留洋归来，与大姐畅谈精神之自由，女性之独立。所以为她设计了西式风格的房间。

屋里摆放了钢琴，游客来了可以弹奏，用音乐表达情感。

设计理念决定了锦府驿的高度，细节落实决定了锦府驿的深度

有了总体规划和设计，保证了锦府驿建筑风格的统一。在方案落实方面，我把建筑元素加得比较重，又从舒适度上对客房做了局部改变，体现传统与时尚的结合。

主题房实景图

古床，四根柱子，于细微之处体现文创

锦府驿的定位是民国时期的院子，那么卧室、床就要展现百年前人们的生活状态，给现代游客一种体验，但这种体验又不能照搬。

比如床，我本可以在市面上收购现成的旧床。但是我想，游客睡在上面，心理上可能会有不舒服的感觉。于是我"古床新做"，从老百姓手中收购旧木料，近百年历史、货真价实；但床的样式做改良设计，四个简单的柱子保留了古床高高的支架的影子，体现古的味道。

此外，老木头散发出的天然味道，可以达到驱蚊的效果，非常环保。

于细微之处体现用心

隔音墙壁

亲子床实景图局部

墙壁外包一层隔音材料，既不改变房屋结构，又隔音保温，还匹配了现代风格。

既有相对独立的空间，又保证安全

老院子的回廊布局存在一个问题，有人在房前走动会影响屋里客人的休息。我就做了个竹排小景观，形成隔断。

原本是为了规避客人穿梭，结果无心插柳，成为了最自然的拍照背景墙。

竹排景观隔断

愿我温馨以待
换你一夜安然

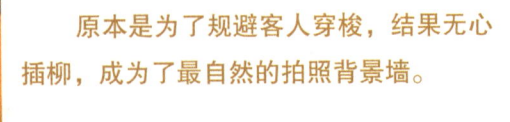

锦府驿的餐　　　　大户人家的私房菜

做餐的理念——乡村旅游的餐一定是 LOW 吗？

台湾苗栗县的魔法庄园在规划特色餐饮时，就提出
"早餐一定要做得很 LOW 吗"？
——NO！

精致的器皿，特制的酱菜和粥，
食材的摆放也要有立体化的设计感

> 从台湾回来之后，做餐的思路也变了。我认为到新场不一定只吃肥肠血旺（当地非常出名的小吃），也可以体验以前大户人家的家宴是怎么回事。而且新场古镇周边的旅游资源和景区十分丰富，锦府驿可以作为旅游目的地、出发地、中转站，地理位置很好。餐饮，应当是必不可少的旅游配套服务，也是展示大户人家生活状态的重要形式之一。

| 柠檬冬瓜 | 秋葵老腊肉 | 五味年货 | 酱汁萝卜 |

文化大餐，锦府驿的别样风味

223

乡村旅游创新案例
——乡村旅游操盘手实录与经验分享

推开民国的门，为您呈现一桌大户人家的私房菜

大户人家的宴客厅

餐，是锦府驿的一大亮点。
菜品是在地方家常菜基础上改良后的"大户人家的私房菜"。
有生态河鲜、山珍，也有土产，
精致细腻的同时也更注重营养与搭配。

泡菜，家里的味道

有些配菜我们自己制作，味道很传统。比如泡菜，是70年代的口味。

回家的路格外亲切，尤其是有一种味道，
永远刻在你的心里……
那是小时候家的味道，母亲的味道……

乡村旅游创新案例
——乡村旅游操盘手实录与经验分享

锦府驿的酒

把酒言欢　言无不尽

活用当地特产资源，酿酒制茶

群贤毕至，雅士云集，宁可食无肉，岂可饮无酒？
大邑是川西知名白酒基地，郭忠突发奇想，开始酿制大户人家的佳酿。
说干就干，几经钻研，浓香型白酒"锦府驿"问世，
它绵长优雅，回味无穷。
就这样，酒成为了锦府驿的一大特色。

诗中有酒，酒中有诗，锦府驿之谓也！

茅台酒厂觉得锦府驿位置好，就租了个展位作为宣传点，免费供客人品尝。

资源在共享中放大价值

第二章 乡村旅游创新案例研究

锦府驿的茶   茶遇知音，对饮成趣

有了酒的尝试与创新，郭忠一发不可收拾，在文创的道路上越走越远。
利用新场得天独厚的高山云雾茶产茶气候，推出了"锦府驿手工茶"。

采茶

锦府的茶，大部分长在石缝里。每一粒茶叶都是谷雨前后，清晨入山采摘。

选茶　　炒茶

炒茶的工艺，丝毫不将就，必须柴火、铁锅手揉、碳火提香……

怀抱敬畏之心，采摘制作，每一步都小心呵护，
用古法将自然的原味封藏，历久弥香。

227

乡村旅游创新案例
——乡村旅游操盘手实录与经验分享

  自从推出了手工茶，锦府驿的院子里便冒出了一帮子"茶友"。院落里几乎每周一次的茶友聚会，让锦府驿更热闹了。

茶遇知音，对饮成趣

禅茶

聚上性情中人，品一壶锦府驿的茶水，
谈谈诗与远方，人生乐事也！

锦府驿的伴手礼　　带走一份记忆

大厅的走廊，新场古镇常见的竹编里，陈列着锦府驿的伴手礼，与窗外的景致相映成趣。

伴手礼，延伸了产业链，
提升了锦府驿，甚至新场古镇的知名度。
客人带走的不仅仅是一份伴手礼，也是一份记忆。

PART 4　锦府驿，文青范儿浓

快乐经营的人，也将回报客人以快乐，
每一位来锦府驿的人，不论男女老少，都能找寻到自己的快乐。
视觉的、听觉的，感官的，内心的快乐。

乐队，点亮夜空中最亮的星

周末的夜晚，锦府驿的玻璃树屋传来悠扬的歌声，直穿心灵。

过夜的客人，晚上怎么打发时光？我希望带给客人一种健康的生活方式，既放松，又能释放自己，所以我们就开始策划活动，把夜晚变热闹。

我本人很喜欢音乐，就想到音乐活动，做出很有文艺范儿、小资味浓的感觉。乐队现场表演，与客人有互动。客人唱歌全免费，但喝啤酒、喝茶等消费要付费，这点也是在台湾学到的。

音乐活动

> 古镇旅游，往往因缺少夜间项目而少了生气
> 音乐，亦动亦静，是很好的娱乐项目

后来我认识了本地的专业歌手,请他们周末到锦府驿表演。我们三个人很投缘,就成立了乐队,主要表演本土音乐。我负责吹口琴、敲边鼓,以及活动策划。

大邑日报以"不老的兄弟,因为音乐永远年轻"做专题报道

"大邑不老的兄弟"乐队

用"不老"的经典音乐,传递积极乐观的生活方式

歌声吸引了过往路人,驻足聆听;也吸引了更多的客人专程入住锦府驿,只为寻觅那难遇的知音,抑或是细细品味这很有文艺范儿、小资味儿浓的人生百味。

成立乐队,圆了郭忠儿时的音乐梦

没想到我们音乐活动效果非常好,大邑、邛崃文化局领导还专门派人来学习,来感受这种氛围。2016年,我们受邀参加安仁音乐节,在那么大的场合公开表演,感觉像明星。

现在乐队影响力越来越大,2016年还吸引了北京吉普的总裁入住锦府驿。2017年,我们开始与瑞士的音乐家合作。

2016年，乐队参加安仁音乐节表演

2016年，美国音乐产业协会会长前来参观考察

2017年，乐队受到多名领导的一致表扬

"大邑不老兄弟"乐队先后参加了多场乡村民谣演出，得到了美国富兰克林市市长及文体旅游局局长、美国音乐产业协会会长等相关部门负责人的赞许和认可，同时也得到了省市领导的表扬和肯定。

认真的人最可爱，用心的人终将收获掌声

"人之初、性本善，性相近，习相远……"
一日之计在于晨，锦府驿传来朗朗读书声，这是郭忠特意为孩子们策划的亲子经典诵读、国学朗诵活动。

国学朗诵——诵读经典、传承美德

解决了客人打发晚上时光的问题，我又想许多客人都是带着家人来的，这些小娃娃们怎么玩？结合资源，我策划了传统经典朗诵活动。

休闲吧里摆放了许多书，营造了一种阅读氛围。客人来了，我们会通知他们第二天朗诵时间。选本自己喜欢的书，就可以参加经典诵读了，而且必须是大人带着小孩一起来大声朗读。效果还不错，大部分家长都能坚持。

亲子经典诵读活动

大人小孩大声地朗诵，场面颇为庄重

乡村旅游创新案例
——乡村旅游操盘手实录与经验分享

亲子经典诵读搞得有声有色，郭忠又开始大力推广传统文化，定期举行国学朗诵会。

同学朗诵会

汉服衣冠，先圣古籍，在锦府驿吟咏传颂，
一如中华文脉，绵绵不绝。

乡村瑜伽，引领心灵与精神的和谐

清晨或傍晚，是练习瑜伽的绝好时段，或冥想，或体式，内外修法，实现身体、心灵与精神和谐统一。

锦府驿的瑜伽选择在清晨 7 点 30，此时的新场古镇清新而安静。古筝响起，夫人们带领全家，开始了"吸气、吐气……"体会自然的芬芳与身体每一个细胞的畅通。

修身养性

吐纳芬芳

锦府驿的文艺范儿，玩的不是深沉，
而是引领一种健康、乐观、传承、自然的生活方式，
这，难道不是大户人家的生活状态么！

经验总结

1 差异化竞争的抓手——文化

精品民宿一定要有特色,这种特色可以是环境,可以是创意,也可以是传统文化。锦府驿的老宅主题文化定位很鲜明——民国时期大户人家的生活环境和生活状态,很好地利用了历史的厚重感、民俗生活的可体验性,从而在新场古镇众多的住宿业态中脱颖而出。

2 激活传统文化内生活力——文创

在科技和时尚的冲击下,一些传统文化和技艺受到冲击,通过文创手段,可以赋予它们新的意义和活力。比如客房的主题化设计、古床的改良、亲子经典诵读活动,都体现了传统与时尚的结合。

锦府驿在经营定位和改造中,活化了谢家大院的人物和故事,让一座百年老宅显现出灵魂,焕发出新的活力。围绕大户人家的生活,在食、住、娱等方面进行创新,带给客人全新体验。

3 提高消费体验满意度——附加值

经营民宿要投入真情实感,将心比心地思考客人的消费需求。要想留住客人,就得让他们有事可做,有活动可参与。锦府驿现已有颇具影响力的音乐会、国学诵读等活动,出发点是为了给客人提供娱乐项目,但因为认真、用心服务,提高了客人基础消费的附加值,让游客来有所值,来有所获,归有所恋。

Q&A 交流问答

Q1 锦府驿的定位是什么,客源来自哪里?

在定位上,主要彰显民国时期大户人家的生活状态,体现民国人如何吃、住、打发时光，供游客体验。

客源主要来自大成都、重庆，年龄在 40 岁左右。因为锦府驿的装修比较中式，所以符合中老年人的情结和喜好。但是在价格上，我们最便宜的房间是新场最贵的，老年人又舍不得，所以还是以中年人为主，带上家里人来体验。

Q2 您们具体做了哪些与众不同的，您认为最好的文创产品或项目？

文创产品和项目策划主要是我负责，灵感来源于与朋友们的讨论、碰撞。

目前，我们主要做了酒、茶、腊肉伴手礼，其出发点是利用好当地的土产资源。在活动项目上，我们按照客人的性别年龄、活动时间段来设计，开展音乐会、亲子经典诵读、国学朗诵等活动。

活动做起来之后，效果远远超过我们的想象。大部分客人说，我们就是冲着你们的活动来的。

Q3 举行活动的成本高不高？

活动都是我的员工在引领做，是不花钱的。比如瑜伽，员工平时自己也练。至于音乐会，歌手表演都是免费的，因为我也是热爱音乐的人，大家结为了朋友，我们的目的不是用音乐来挣钱。而且，我给乐队提供了一个宣传他们自己的平台。有些商演就是通过我的活动认识他们的。

Q4 锦府驿走文青路，活动的参与者是哪些，是不是您想要的人？

活动策划对象主要是针对我的客人，但也辐射了附近的游客。只要喜欢我们的活动，都可以来参加。他们加我微信，主动为我宣传。

Q5 2017 年，锦府驿的收入来源有哪些，比例是怎样的？

餐饮 + 茶水	40%
住宿	40%
文创产品	20%

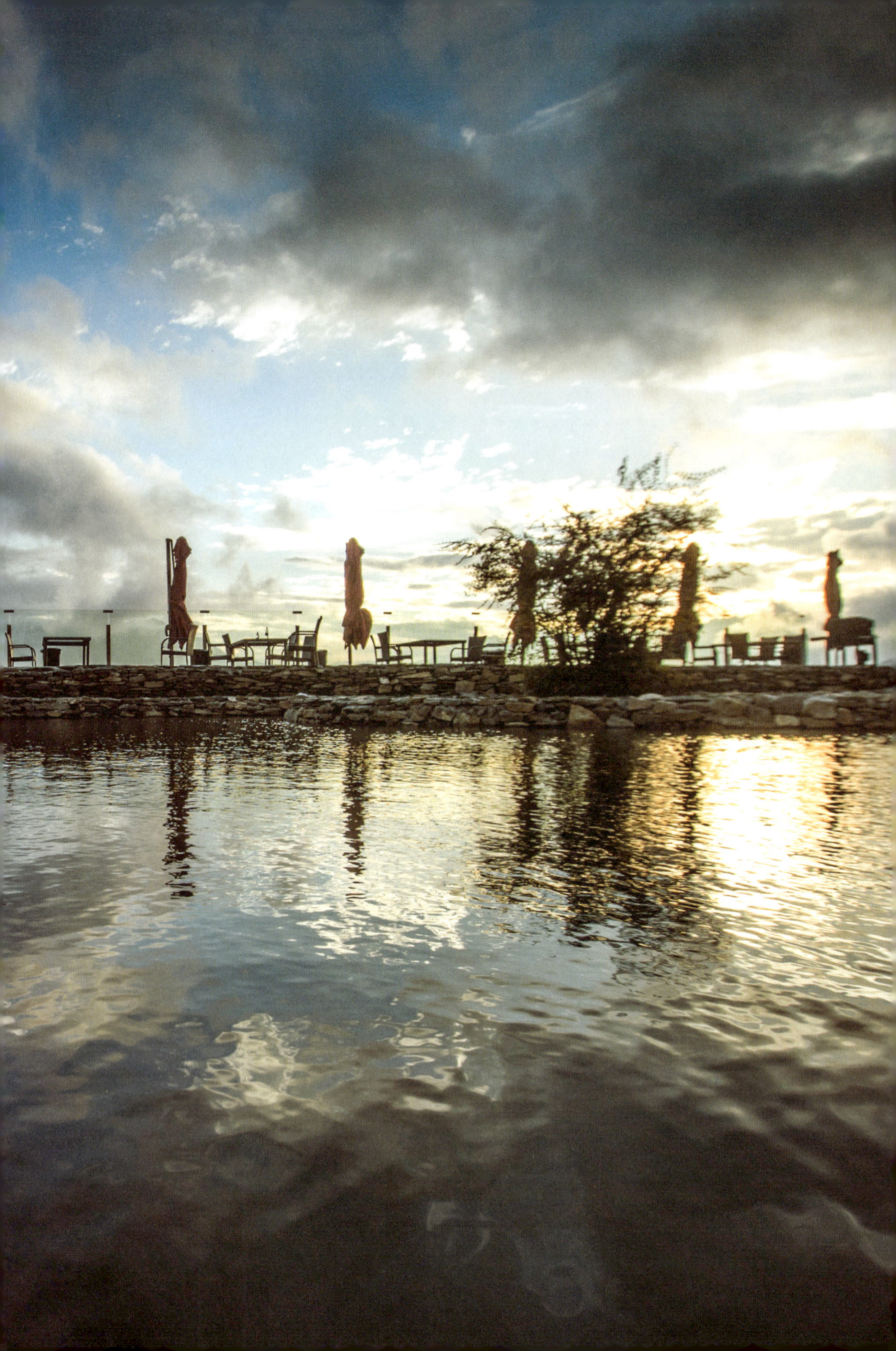

第三章 乡村旅游发展模式

三十而立，我国乡村旅游从萌芽到茁壮成长，离不开各开发经营主体的示范带动作用，更离不开他们勇于开拓的创新精神。不论是农民个体、"新乡绅"等单支力量，还是村集体、村委会等集体组织；不论是公司、集团、股份制企业等经济实体，还是文人、创客等乡村创业者，他们有一个共同的称呼，那就是乡村操盘手。不同的情怀、不同的专业背景、不同的利益出发点，他们在乡村旅游开发经营的实践中摸索出了不同的发展模式，然而最终的落脚点是一致的，那就是城乡共融、乡村振兴。

一、农户自主开发模式

农户自主开发模式是以家庭为单位，利用自家宅院为游客提供旅游餐饮和接待服务，独立经营、自负盈亏。作为该模式典型代表的徐家大院是我国"农家乐第一家"。徐家大院，凭借雅致的苗圃基地和别致的农家小院、良好的区位优势，迅速发展。这种农户自主开发的"农家乐"旅游模式展示了中国农民中的有识之士"敢为天下先"的大胆尝试。从"一张桌子带出来的千万生意"可以窥见，这种农民靠自身实力和智慧闯出来的康庄大道是农村自我价值放大的原始动力。

尽管在今天看来，以"农家乐"为代表的农户自主开发模式存在着规模小、经营分散、竞争力弱、消费水平低、品牌效应差等弱点，但它却是对农村资源利用方式的重大创新，谱写了中国农村一、三产业互动发展的完美篇章，引领了中国农业产业结构调整的时代方向；是盘活农民自身内在发展动力的试验田，是农民有尊严地脱贫致富的有效途径，是缩小城乡差距的助推器；是对中国农村传统的以家庭为单位的生产方式的继承和创新，是留住乡愁最好的载体；它丰富和拓展了城市居民的休闲空间，是中国乡村旅游发展史上的重大创举。

二、"新乡绅"引领模式

所谓的"新乡绅"：一是有一定的创业经历；二是拥有一定经济基础；三是有深厚的乡土情怀。返乡创业时，他们视野开阔、理念先进，开发出的乡村旅游产品受到市场的青睐，逐步形成具有一定影响力的品牌。大梁酒庄、锦府驿的操盘手就是这样的"新乡绅"。他们生于故土、长于故土，在外工作多年后回乡创业，不论是农庄还是民宿，都体现了儿时的味道，童年的记忆，这样的"家"是有温度的，有情感的。

该模式中的"新乡绅"，相较于外来投资者，他们有着天然的故土情怀，自身就是乡土文化的传承者，在利用新理念、新技术、新体验等方式表达乡土文化时有着天然的优势。在旅游开发与合作中，更容易取得当地居民的信任与支持。"新乡绅"带回的不仅有资金，还有乡土文化复兴的信心；带来的不是城市的优越感，而是对故土最真挚的眷恋。他们的示范效应，更是引领当地乡村旅游发展的新潮流。他们取利于故土，又不忘初心，引领乡村振兴。

三、企业主体开发模式

我国大部分乡村，经济基础薄弱，引入企业资本是乡村旅游开发最有效的途径之一，企业与农户之间的合作能实现优势互补。一方面，企业能给予乡村在市场、资金、技术、人才、设备、信息、营销等方面的支持。企业介入后，以重大旅游项目开发营造区域影响力，带动区域经济发展；另一方面，农户是乡村的主人，不仅拥有土地资源，更是乡土文化的传承者和表达者，他们使乡村更具鲜活性和真实性。

资金，带来了乡村建设的基石；理念，带来了乡村内生的活力；责任，带来了乡村复兴的希望，这就是企业给予的力量！

（一）股份制企业模式

当五条汉子将各自的乡村创业情怀以股份制的方式结合在一起，便诞生了刷爆朋友圈的网红民宿——浮云牧场。创客们及其资本流向乡村，在头脑风暴中碰撞出生于乡村的火花，把不可能的"想法"变成了"艺术品"，不仅实现了自己的社会价值，更是带动了区域高半山旅游的发展，农副产品的销售。乡村民宿，成为撬动贫困山区脱贫致富的新引擎。

股份制企业开发模式为具有乡村创业梦想的人们提供了可行的合作机制，让创客、资本等要素有效地发挥综合效益。他们在实现自身利益的同时，带动了周边农民的增收致富，产生了良好的社会影响。

（二）企业集团+农户模式

在乡村旅游开发之初，企业集团就把自身的投资回报和当地农民的利益进行统一考虑，整体规划，与农民建立利益共享机制。瑞云集团在开发天府红谷项目时，以"区域产业振兴、农户增收致富、企业同步发展"为目标，充分利用当地优美的自然风光，怡人的气候环境，用文创的手法，将其打造成一个世外桃源，围绕"国际养生农业"和"国际乡村休养度假"两大核心产业，创造众多就业、创业机会，农户切实参与到乡村旅游产业链中来，并分享经济收益。

企业集团+农户模式克服了"企业资本下乡与民争利的矛盾"，让城乡要素共生融合，它既能实现企业的经济目标，又能带动落后地区的发展。企业在实现自身利益的过程中，带动区域农民一起致富，彰显了企业的社会责任。农户在参与旅游开发经营的过程中，通过文化自信和文化自觉促使其更好地保护并传承乡土文化，而这也必将产生深远的社会意义。

（三）企业+农创平台模式

企业+农创平台模式特点在于企业搭建创业平台，跨界融合发展，实现创新、创意、创业之间的有机融合。幸福公社就是这样一处"地产开发 + 社区营造 + 农创"的幸福乡居。它创造了一种邻里和睦的乡居生活方式，通过农创、乡创、文创平台的搭建，激活社区内部经济发展的原创力和动力。

该模式的最大亮点在于通过文创手段，巧妙地实现了跨界融合发展，实现了产业和要素的空间转化。这为其他产业进军乡村旅游领域提供了借鉴意义，为乡村旅游的创新开发提供了新思路。

四、政府 + 创客（新村民）+ 农户模式

政府 + 创客 + 农户模式中的"创客"是旅游开发地的"新村民"，他们有知识、有文化，在业界都具有一定的影响力；他们有着艺术家的气质，执着而特立独行；他们热爱乡野环境，有较深的乡土情结。新村民用新理念、新思维影响甚至改变老村民传统的思维模式和生活习惯。新老村民在政府的引导下，共融发展。

明月村是一个普通、平凡的小村庄，通过政府改善基础条件，搭建平台，给予政策扶持，创客（新村民）打造乡村旅游体验项目，注入市场影响力和知名度，带来爆棚的人气，让农户看到了家乡发展的希望，积极返乡创业。明月村通过文创撬动，三产融合，公益助推，共创共享的发展模式，成为了美丽幸福的新乡村。

该模式不仅是简单的城市要素下乡，更让我们看到了城乡要素融合与共生的可能。它能够充分发挥每个村民的主体作用，是一种自下而上的发展模式。

五、村级集体经济组织 + 农户整体发展模式

村级集体经济组织 + 农户整体发展模式的初衷在于促进乡村社区整体发展，不是部分人先富裕起来，而是集体致富。宝山村就是在乡村旅游发展中，坚持走集体经济、共同富裕道路的典型代表。在基层党组织的坚强领导下，把乡村旅游作为民生幸福产业来发展。村级集体经济组织——宝山企业集团投资开发经营当地的旅游项目，村民可以以资金、旅游资源发展要素入股，也可以进入公司工作，除了获得工资收入外，年终还能得到相应的分红和村集体福利。

该模式是乡村地区依靠集体力量求发展的道路，村民在旅游开发中具有自主的话语权，可以按照对当地长远利益最大化的方向从事开发经营，而不是杀鸡取卵，只注重短期效益。

乡村旅游发展模式的选择，要因地制宜，综合考虑乡村的资源、区位、生态环境、经济条件等多方面因素，以产业为抓手，以文化为特色，以创新为活力，以互利共生为目标，促进人与自然、人与人、人与社会的和谐发展。

第四章 乡村旅游发展展望

随着城市的崛起,昔日乡村的繁盛境况不再,甚至被视为落后与贫穷的代名词。费孝通先生就曾在《损蚀冲洗下的乡土》一文中痛心疾首地说过:"中国的乡土社会中本来包含着赖以维持其健全性的习惯、制度、道德、人才,但在过去百年中不断受到冲洗,结果只剩下贫穷、疾病、压迫和痛苦。"千年农业文明的积淀,造就了一个伟大的乡土中国。乡土情结,是渗入大多数中国人骨子里的东西,是流淌在血脉里的眷恋。乡村,是中华文化的根基与载体,守住乡村,就是守住我们的根。

一、乡村振兴战略

改革开放以来,我国乡村发生了翻天覆地的变化,农业生产取得重大突破,并逐渐向现代农业转型;基础设施不断加强,居民生活水平不断得到提高。但是,随着大量青年人口的流失,乡村空心化问题越来越严重,留守儿童、空巢老人现象日益突出;耕地荒芜、环境污染、公共服务设施不足、治理落后等问题严重制约着乡村的发展。当下,如何实现乡村的全面振兴摆到了我们的面前。

2017年,乡村振兴被写入党的十九大报告,上升到国家战略高度。报告指出,必须始终把解决好"三农"问题作为全党工作重中之重,坚持农业农村优先发展,按照产业兴旺、生态宜居、乡风文明、治理有效、生活富裕的总要求,建立健全城乡融合发展体制机制和政策体系,加快推进农业农村现代化。

乡村振兴战略是党和国家对农村的再定位,明确了今后乡村发展的新思路、新方向和新要求。乡村振兴战略也是城乡发展的重大战略性转变,改变了以往偏向城市的发展思维,突破了以城镇化带动农村人口向城市的转移单向流动局面,通过农业农村的优先发展,实现城乡要素的互动,把农村打造成理想的热土,让亿万农民群众在农村就可以享受现代文明,满足农民追求美好生活的愿望,实现城乡共存共荣。

二、乡村旅游与乡村振兴

乡村振兴战略的提出,不仅为亿万农民群众描绘了宏伟而美好的蓝图,也可以说是一场根本性变革。乡村振兴,匹夫有责!站在新时代的重要节点,作为乡村振兴重要突破口之一的乡村旅游,应勇担使命,主动作为,为乡村振兴贡献出一份自己的力量。

(一)乡村旅游之于乡村产业重建的重要性

产业,是一个地区经济发展的动力之源。当前,我国乡村面临的各种问题,其症结就在于产业的缺失。我国的广大乡村地区，土地碎片化，大多依靠传统农业这一种产业形态，结构单一，产业报酬低，经济发展举步维艰。

乡村旅游作为一种新的产业形态，综合性强、关联度高、拉动作用突出，对乡村产业的重建具有重大意义。乡村旅游的发展，能够使农产品在实现其最终价值之前，产生多次消费、多种形式的消费，使其从单一的线状产业链向网状产业链延伸，提升农业的产业附加值；更重要的是，乡村旅游的发展，还能在一定程度上带动乡村平均收益率的提升，为乡村带来更多的产业发展空间，也为人力资源、乡村资本的回流和城市要素下乡创业提供更多的新机会。

（二）乡村旅游之于乡村文化的重要性

乡村，不仅承载着中华文化的根基，更承载着华夏儿女共同的记忆与割舍不掉的乡愁。留住乡愁，就是留住乡村的文化记忆。乡村的文化记忆包括：乡村建筑里的营造法式与匠心智慧、村庄背后的历史积淀与乡土故事、庄严又不失热闹的乡村仪式、昔日云集的乡里雅士……

对乡村文化保护与传承，不仅是时代的要求，更是每个中国人义不容辞的责任与使命。乡村旅游是传承和弘扬乡村文化的重要载体，呼唤着乡土文化的复兴；乡村文化不仅是乡村旅游发展的灵魂，更是其发展的内在需求。乡村旅游的发展，要充分挖掘乡村生产方式、生活方式、民俗习惯、传统民间习俗、民间工艺、民间传说、乡土历史人物等文化资源，通过直接的、间接的或创意的手段，将乡村文化资源打造成特色乡村旅游产品，甚至是乡村旅游IP，提升乡村旅游的文化内涵和品牌影响力。

（三）乡村旅游之于乡村社会的重要性

长期以来形成的城乡二元体制，不仅导致了乡村发展的滞后，更使得乡村逐渐被边缘化，引发了一系列的社会问题。

乡村旅游的发展，一方面，不仅能促进乡村产业的重构，吸引当地人返乡再创业，让更多的外出务工人员回归故乡，回归家庭，让幼有所教、老有所养，逐步解决空巢老人和留守儿童问题；另一方面，乡村旅游的发展客观上也需要完善的公共服务设施。乡村旅游的发展需要也能够有效地培育和引导更多社会组织、公共资源向乡村延伸，进而推动乡村交通、水电、公共厕所、教育、文化站、乡村书屋等公共服务设施的建设，推进乡村医疗、养老、卫生等社会服务与保障体系的完善。

（四）乡村旅游之于乡村生态的重要性

恬静、优美的乡村生态环境是吸引城市居民放松身心、寻求心灵庇护的重要因素之一；对绿色、健康、原生态食品的需求也是都市人走入乡村的重要原因。乡村旅游的发展，既离不开良好的乡村生态环境，也能在一定程度上促进乡村生态宜居环境的建设与发展。

发展乡村旅游，首先需要保持乡村自然生态肌理，不断提升乡村生态环境，彰显乡村生态优势，提升景观质量，让城市居民真正体验到淳朴的乡村田野风光，品尝到绿色、生态的健康食品；其次，乡村旅游的发展，还能够促进乡村生态资源利用方式的转变，推进生态餐厅、教育农场、自然生态课堂、学童农园等业态的发展，实现乡村生态资本的增值。

三、未来展望

乡村振兴战略的提出，不仅是广大农民群众的福音，也是社会各界的前进方向与行动指南。乡村的振兴，既离不开乡村的自我奋斗，也离不开城乡居民及社会各界的共同努力。乡村旅游，作为乡村振兴的重要产业抓手，对促进农业发展、农民增收和农村繁荣具有重要意义，但乡村振兴是一个系统工程，期待着更多力量的汇入，我们也有理由相信：

未来的乡村，农民工能够有尊严地回家，乡村空心化得到解除，空巢老人、留守儿童等社会问题得到妥善解决，昔日欢声笑语重现，乡村不再孤单，社会更加安定和谐。

未来的乡村，农业会成为有奔头的产业，务农会成为更体面的职业，农村会成为更加美好的幸福家园。城乡要素流动的制度性障碍被打破，农民不再是原子化的农民，而是更加有组织、有素质；都市人下乡创业更加便捷。乡村也不再是落后与贫穷的代名词，而是一个更加多元、开放、充满机遇的新空间。

后记
POSTSCRIPT

　　脚踏泥土的芬芳，浸润乡土的气息，藉由科学的素养，思寻乡村的未来……

　　书籍的编写，不仅是一个总结提炼的过程，更是一次宝贵的学习与自我反思的机会。与操盘手的对话，如涓涓细流，让人流连忘返，如甘醇，沁人心脾，如"晴天霹雳"，让人茅塞顿开。明月村农家妇女镰刀白菜的画面，让赵晓钧博士感动不已，与明月村注定是永远的不解之缘；大梁夜话，叙述着"偏执"的镇长与自己的惊天创业之举；天府红谷，不忘初心的企业演绎着一曲动人的华丽转身的乐章；锦府驿，民国时期的大院，在郭老板的呵护下重幻新生；宝山村支书的娓娓道来，传递着集体经济共同致富的福音，让人感受到制度自信的魅力；与幸福公社史总的对话，让人领略了艺术家的乡村情怀；浮云牧场的老板讲述了川西高原高半山民宿发展不可能的宿命，创造性地劈开了一条少数民族地区高半山致富之路；农家乐的创始人正在思考农家乐模式如何走向国际化……

　　一个案例，一个惊喜！一场访谈，一场顿悟！与操盘手的深度访谈，不仅仅是经验的分享与交流，更是思想的交锋、智慧的碰撞！八个案例生于本土，但却是集众多专家学者、技艺能手、文人创客及经营者的心血与情怀大成之作，深具前瞻性、创新性和推广性，既对全国乡村旅游转型升级、城乡融合发展具有借鉴意义，也能为乡村旅游开发与经营管理者提供参考。乡村旅游，不是说说而已！走进乡村，我们应怀着敬畏与谦卑之心，以科学的素养思寻乡村的发展，以真实的脚步丈量热忱的乡土大地，认真走好乡村旅游最后一公里！

　　本书涉及大量图片，除编写团队自己拍摄和案例点提供的图片外，还要感谢以下朋友的提供：李耀、孙敏、何异、汪彬、王帅、凉笑、张小喜、宁远、邹欢、刘燕、朱艳宁、梁敏、苏朵朵、杨菲朵等。另本书部分图片源于网站，由于无法确认并联系到著作权人，未能一一注明出处，恳请相关作者看到后与我们联系。

　　由于编者水平有限，本书中难免有疏漏与差错，真诚欢迎广大读者批评指正。

《乡村旅游创新案例——乡村旅游操盘手实录与经验分享》编写团队

2017 年 12 月 11 日

责任编辑：谯　洁
责任印制：冯冬青
封面设计：中文天地

图书在版编目（CIP）数据

乡村旅游创新案例：乡村旅游操盘手实录与经验分享 / 四川省旅游培训中心编著 . -- 北京：中国旅游出版社，2018.5（2020.9 重印）

ISBN 978-7-5032-4352-3

Ⅰ.①乡…　Ⅱ.①四…　Ⅲ.①乡村旅游 – 旅游业 – 经营管理 – 案例 – 四川　Ⅳ.① F592.61

中国版本图书馆 CIP 数据核字（2017）第 328395 号

书　　名：	乡村旅游创新案例——乡村旅游操盘手实录与经验分享
作　　者：	四川省旅游培训中心　编著
出版发行：	中国旅游出版社
	（北京静安东里 6 号　邮编：100028）
	http://www.cttp.net.cn　E-mail:cttp@mct.gov.cn
	营销中心电话：010-57377108，010-57377109
	读者服务部电话：010-57377151
排　　版：	北京中文天地文化艺术有限公司
印　　刷：	北京金吉士印刷有限责任公司
版　　次：	2018 年 5 月第 1 版　2020 年 9 月第 3 次印刷
开　　本：	787 毫米 ×1092 毫米 1/16
印　　张：	16
字　　数：	80 千
定　　价：	55.00 元
ISBN	978-7-5032-4352-3

版权所有　翻印必究
如发现质量问题，请直接与营销中心联系调换